学生励志名人馆

科技与科学巨子

用知识撬动地球

主编◎姜绎心

图书在版编目（CIP）数据

科技与科学巨子：用知识撬动地球 / 姜绎心主编.
--长春: 东北师范大学出版社, 2019.1（2021.6重印）

（学生励志名人馆）

ISBN 978-7-5681-4821-4

Ⅰ.①科... Ⅱ.①姜... Ⅲ.①科学家-生平事迹-世界
-青少年读物 Ⅳ.①K816.1-49

中国版本图书馆CIP数据核字（2018）第183617号

□ 责任编辑：陈 丹 □ 封面设计：蔚蓝风行 睿珩文化
□ 责任校对：张婷婷 □ 责任印制：张允豪

东北师范大学出版社出版发行

长春净月经济开发区金宝街118号（邮政编码：130117）

电话：0431-84568071

网址：http://www.nenup.com

东北师范大学出版社激光照排中心制版

天津久佳雅创印刷有限公司印装

天津市宝坻区牛道口镇产业园区一号路1号

2019年1月第1版 2021年6月第2次印刷

幅面尺寸：170mm×240mm 印张：8 字数：125千

定价：23.80元

从古至今，科学界不断涌现出在各个领域里做出卓越贡献的科技精英。他们推动了科技进步，促进了人类社会的发展。他们取得的举世瞩目的成就，极大地影响着历史发展的进程。他们深邃的思想、渊博的学识和精深的智慧，使他们获得了不计其数的科学殊荣，也使得人们对这个奇妙的世界得以重新认识。

本书用凝练的文字介绍了这些科技巨子的主要生平及成就，并通过故事的形式，讲述了他们年少时不平凡的经历和成功智慧，结合新颖的版式与精美的图片，多角度解读、全方位剖析了他们的成功之道，使青少年读者在心中与之产生共鸣。

希望青少年朋友通过阅读本书，能够看到大师们是如何战胜艰难险阻，一步一步走向成功；希望青少年朋友能够沿着大师们的成才轨迹走出自己有益于社会的丰富的人生。让我们共同感受科技巨子们的精神力量，在充满竞争与挑战的现代社会确立自己的人生目标，培养良好的学习、生活习惯和有益的爱好，提高自身素质，成就全新的自我吧！

Foreword

前言

目录
Contents

·········· 第一章 **外国篇**

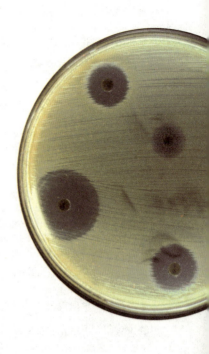

………… 第二章 中国篇

Part 1

Foreign article

第一章 外国篇

科学技术是人类文明的标志。人类社会发展的每一次历史性的跨越，都伴随着科学技术的进步。全世界无数科技巨子引导着科学技术领域的变革、科学思想的进步，形成了一幅幅波澜壮阔的科技创新画面，他们为社会生产力的发展和人类文明的进步开辟了更为广阔的空间，成为推动社会前进的主要力量。

泰勒斯——科学之祖

水是万物之本源，万物终归于水。

← 绘制于19世纪的泰勒斯素描像

泰勒斯（Thales，前624—前547），古希腊第一个自然科学家和哲学家，希腊最早的哲学学派——爱奥尼亚学派的创始人。他多才多艺，以多方面的成就闻名于世。他是在数学史上留名的第一人，也是有幸占有一些演绎几何学定理的发明权的第一人，西方人尊他为"数学之父"。此外，泰勒斯还是人类历史上比较早的科学家，被人们称为"科学之祖"。

■ 准确的预言

据传多年前，有两个国家因为各自的利益爆发了战争，这场战争持续了5年多，仍然没有分出胜负。

一天，一位外国学者来到了两国的边境，看到城池破败，尸横遍野，血流成河，便奉劝两国的国王停止这场灾难深重的战争。

遗憾的是，两国的国王都不听劝告，执意要用武力争个高低，并约定在公元前585年5月28日那天进行决战。

只要一想到这场即将来临的战争会给人们带来的痛苦，学者就十分不忍，于是他想出了一个借用神力的妙计。他对两国国王说："你们执意这样做违背了神的意志，如果你们真要打仗的话，神力无边的阿波罗（太阳神）一定会发怒的……"

决战那天下午，正当两军酣战不休之时，太阳神阿波罗果然"显灵"了。顷刻间，天昏地暗，百鸟归巢，天地漆黑一片。

两国国王吓得战战兢兢，趴在地上不住地祈祷，乞求太阳神的宽恕；士兵们也惶恐万分，纷纷扔掉武器四散而逃。

后来两国停战和好，还订下婚约，以示友好。

那位悲天悯人的学者就是泰勒斯，他预测出决战那天会有日食出现，见两国的国王执意要打仗，就编了个太阳神发怒的神话，从而巧妙地阻止了这场战争。

不可侮辱的泰勒斯

公元前6世纪的某一天，泰勒斯从大街上风尘仆仆地走过，衣衫褴褛，惹人注目。

这时一位商人走上前，指着泰勒斯挖苦道："泰勒斯，大家都说你是一个知识渊博的哲学家，可是在我看来，理论知识是没有用的。它既不能给你带来金子，也不能给你带来面包，只能给你带来贫困和寒酸。"

泰勒斯听了十分生气，义正辞严地说道："我不能容忍你利用我的贫困来贬低和攻击理论的作用。我要用事实来证明给你看！"

泰勒斯不甘受辱，决心化理论为力量。他运用了一系列的理论知识，又经过周密的计算，预测出第二年将是橄榄的大丰收年。

到了冬天，泰勒斯拿出所有的钱，以相当低廉的价格，租用了附近所有的榨橄榄油的器具。

到了第二年，橄榄果然获得空前大丰收，人们对榨油器的需求骤然增加。可是榨油器已被泰勒斯垄断了，许多想租用榨油器的人都拥在泰勒斯的门前，那位曾经挖苦过泰勒斯的商人也满头大汗地在人群中挤来挤去。

泰勒斯一眼就看见了他，便走上前去，语重心长地对他说："您看到了吧？这些榨油器都是我运用理论知识提前租赁的。我不是想向您证明我有多强大，我只是想让您明白，我追求的并不是单纯的财富，而是理论知识这一无价之宝，因为这是金钱所买不到的伟大力量。"

1493年出版的《纽伦堡纪事》中的泰勒斯的木刻插画

梵蒂冈博物馆内的毕达哥拉斯雕像

毕达哥拉斯——毕达哥拉斯定理的证明者

箴言

短时期的挫折比短时间的成功好。

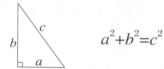

$$a^2+b^2=c^2$$

毕达哥拉斯（Pythagoras，约前580—前500），古希腊著名的哲学家、数学家、天文学家，以首先记述了毕达哥拉斯定理的证明过程而著称。在成书于公元前一世纪的《周髀算经》中有记述称，在公元前十一世纪的西周时期，数学家商高就发现了这一规律，因此，在中国毕达哥拉斯定理通常被称为勾股定理或商高定理。

毕达哥拉斯早年曾游历埃及、巴比伦等地，之后为了摆脱暴政，移居意大利半岛南部的克罗托内，并组织了一个政治、宗教、数学合一的秘密团体。后在政治斗争中失败，被杀害。他是音乐理论的鼻祖，阐明了单弦的乐音与弦长的关系。在天文方面，首创地圆说。毕达哥拉斯的思想和学说，对希腊文化有着巨大的影响力。

■ "数是万物之源"

毕达哥拉斯学派是在建立了毕达哥拉斯同盟以后形成的。或许大家会问：什么是毕达哥拉斯学派呢？其实，在古希腊，毕达哥拉斯所创立的学派就叫做"毕达哥拉斯学派"。毕达哥拉斯学派最早将"数的概念"提升到了一个新高度。在他们看来，数为宇宙提供了一个概念模型，数量和形状决定一切自然物体的形式。数不但有量的多寡，而且也具有几何形状。他们从5个苹果、5个手指等事物中抽象出了"5"这个数字。在今天看来这是件很平常的事，但在当时的哲学和实用数学界，这绝对是一个巨大的进步。

在实用数学方面，毕达哥拉斯使得算术成为可能。在哲学方面，这个发现促使人们相信"数"是构成实物世界的基础。

他们把数理解为自然物体的形式和形象，是一切事物的总根源。有了数才有几何学上的点，有了点才有线面和立体，有了立体才有火、气、水、土这4种元素，从而构成万物，所以数是万物之源。自然界的一切现象和规律都是由数决定的，都必须服从"数的和谐"，即服从数的关系。

毕达哥拉斯还用演绎法证明了直角三角形斜边平方等于两直角边平方之和，即"毕达哥拉斯定理"。此外，他还对数论作了许多研究，将自然数区分为奇数、偶数、素数、完全数、平方数、三角数和五角数等。

成就不仅限于数学

毕达哥拉斯经常到各地演讲，除了讲"数是万物之源"的课题外，他还常常谈起有关道德伦理的问题。

毕达哥拉斯对议事厅的权贵们说："一定要公正。不公正，就破坏了秩序，破坏了和谐，这是最大的'恶'。起誓是很严肃的行为，不到关键时刻不要随便起誓，同时在起誓的时候每个官员都应立下保证，保证自己不说谎话。"

在谈到治家时，他认为对儿女的爱是不能强求回报的，但做父亲的应当努力用自己的言行去获得子女由衷的敬爱；父母的爱是神圣的，做子女的应当珍惜；子女应是父母的朋友；兄弟姐妹之间也应该彼此互敬互爱。当提到夫妻关系时，他说彼此尊重才是最重要的，双方都应忠实于自己的配偶。

毕达哥拉斯还谈到过自律的问题。他说，自律是对人的个性的一种考验，对儿童、少年、老人来说，能自律是一种美德，但对年轻人来说，则是必要的。因为自律能使人身体健康，心灵洁净，意志坚强。

毕达哥拉斯从如何培养自律讲到教育的重要性。他认为人的自律是在理性和知识的指导下培养起来的，而知识只能通过教育获得，所以教育的重要性是不容忽视的。

拉斐尔的著名壁画《雅典学院》(局部)，画中居中间位置拿书者即为毕达哥拉斯

毕达哥拉斯还形象地描述了教育的特性："你能通过学习从别人那里获得知识，但教授你的人却不会因此而失去知识，这就是教育的特性。世界上有许多美好的东西，好的禀赋可以从遗传中获得，如健康的身体，娇好的容颜，果敢的个性；有的东西很宝贵，但一经授予他人就不再归你所有，如财富、权力等。而比这一切更宝贵的是知识，只要你努力学习，你就能获得而又不会损害他人，并可能因此改变你的人生。"

德谟克利特——原子论的创立者

赞美好事是好的，但对坏事加以赞美则是一个骗子和奸诈的人的行为。

德谟克利特（Democritus，约前460—前370），古希腊哲学家，与留基伯并称"原子论的创始人"。他在天文、地质、数学、物理、生物等许多方面都有研究，还提出了圆锥体、棱锥体、球体等的体积计算方法，对逻辑学的发展也做出了重要的贡献。著作涉及自然哲学、逻辑学、认识论、伦理学、心理学、政治、法律、天文、地理、生物和医学等许多方面，遗憾的是到今天大多数都散失或只剩下零散的残篇了。马克思和恩格斯因此赞美他是古希腊人中"第一个百科全书式的学者"。

油画《德谟克利特》

伟大贡献

德谟克利特继承和发展了留基伯的原子论，为现代原子科学的发展奠定了基础。这是他在自然科学方面最重要的贡献。

留基伯是古希腊爱奥尼亚学派中的著名学者，他首先提出了物质构成的原子学说，认为原子是最小的、不可分割的物质粒子。原子之间存在着虚空，无数原子自古以来就存在于虚空之中，既不能创生，也不能毁灭，它们在无限的虚空中运动着，从而构成万物。

德谟克利特是留基伯的学生，他继承并发展了留基伯的原子学说，并进一步指出宇宙空间中除了原子和虚空之外，什么都没有。原子一直存在于宇宙之中，它们既不能被创造，也不能被消灭，任何变化都是由它们的结合与分离所引起的。

德谟克利特对留基伯的学说进行加工和提炼后形成了自己的宇宙观。其中，最为著名的除了他的原子论，还有用原子和运动来解释宇宙的学说：一切物质都由微粒组成，这种微粒就是原子，它无限小，世上没有比它再小的东西，因此它是不可再分的。原子在数量上是无限的，在形式上是多样的。在原子的下落运动中，较快和较大的撞击着较小的，产生侧向运动和旋转运动，

从而形成万物并发生着变化。一切物体的不同，都是由于构成它们的原子在数量、形状和排列上的不同所造成的。原子在本质上是相同的，它们没有"内部形态"，它们之间的作用是通过碰撞挤压产生的。

根据这样的理论，德谟克利特还提出了他的天体演化学说，即一部分原子由于碰撞等原因形成了一个原始旋涡，较大的原子被赶到旋涡的中心，较小的则被赶到外围。中心的大原子相互聚集形成球状结合体，即地球。较小的水、气、火原子，则在空间产生一种环绕地球的旋转运动。地球外面的原子由于旋转而产生热量，温度持续升高，最后燃烧起来，变成各个天体。

除原子论外，德谟克利特还有一些其他重要的思想。他认为认识是事物中不断流溢出来的原子所形成的"影像"作用于感官和心灵的结果。他认为世界上一切事物都是相互联系的，都受因果必然性和客观规律的制约，而不存在什么偶然性。

德谟克利特特别强调教育的重要性，主张道德教育可以造就人的第二本性。而教育方法应以鼓励和说服为主，同时也要注重个人的道德修养，强调要与自己的旧思想作斗争，每天都要有新思想。

在社会伦理观上，德谟克利特宣称快乐和幸福是人生的目标。他说快乐和幸福并不是暂时的、低级的感官享受，而是有节制的、精神的宁静和愉悦；快乐和幸福并非神之所赐，而是人自身的选择和创造。虽然当时有些哲学家讥讽他和他的哲学是"令人发笑的哲学家"和"享乐哲学"，但德谟克利特仍按照他的幸福观，对智慧、勇敢、节制、正义以及义务和良心等道德范畴，做出了与柏拉图截然不同的解释，在西方伦理学史上做出了积极的贡献。

壁画《哭泣的赫拉克利特和微笑的德谟克利特》

鐵硕

阿基米德——古希腊最伟大的科学家

箴言

假如给我一个支点，我将撬起整个地球。

阿基米德（Archimedes，前287—前212），古希腊伟大的数学家、物理学家、天文学家和发明家，后人将他与牛顿、欧拉、高斯并称为"数坛四杰"，他本人被称为"数学之神"。

▲ 1620年费地作品《沉思的阿基米德》，现藏于德国德累斯顿历代大师画廊

■ 偶然的发现

有一次，国王让金匠为他制作一顶纯金王冠，但是在做好后，国王总是怀疑金匠偷了金子而在王冠中掺了银。于是，他请来阿基米德进行鉴定，前提条件是不许弄坏王冠。

王冠与当初交给金匠的金子一样重，要怎么证明王冠里少了金子呢？阿基米德冥思苦想了好多天，也没有想出好办法。

有一天，他去洗澡，刚躺进盛满温水的浴盆，水便溢了出来，而他则感到自己的身体在微微上浮。于是他灵光一闪，突然想到，相同重量的物体，由于体积的不同，排出的水量应该也不同。欣喜若狂的阿基米德一下子从浴盆中跳出来，来不及穿衣服就风风火火地跑回了家。

当他的仆人气喘吁吁地追回家时，阿基米德已经在做实验了。他把王冠放到盛满水的盆中，量出溢出的水，又把同样重量的纯金放到另一个相同的盛满水的盆中，测量出溢出的水比刚才溢出的少，于是，他得出了金匠在王冠中掺假的结论。

由此，阿基米德发现了浮力原理，并在其著作《论浮体》中记载了这个原理，人们今天称之为"阿基米德原理"。

■ 海边的阿基米德

在阿基米德11岁那年，他离开了父母，独自一人到了古希腊最大的城市之一——亚历山大里亚求学。当时的书是订在一张张羊皮上的，也有用莎草茎剖成薄片压平后当做纸的。但当时的阿基米德没有纸笔，只好把书本上学到的定理和公式，一点一点地牢记在脑子里。后来，阿基米德试着用小树枝当笔，把大地当纸，但地面太硬，写上去的字迹看不清楚。阿基米德苦想了几天，又发明了一种"纸"：他把炉灰扒出来，均匀地铺在地面上，然后在上面演算。可是有时天公不作美，风一刮，这种"纸"就飞走了。

一天，阿基米德来到海滩散步，他一边走一边思考着数学问题。他习惯性地蹲下来，顺手捡起一个贝壳，便在沙滩上演算起来，感觉又好用又便捷。

从那以后，阿基米德就喜欢常在海滩上思考和学习，这个习惯从求学的少年时代一直保持到生命的最后一刻。

公元前212年的一天，阿基米德正在沙滩上聚精会神地演算数学，对于敌军的入侵竟丝毫没有觉察。当罗马士兵拔出剑来要杀他的时候，阿基米德平静地说："给我留下一些时间，让我把这道还没有解答完的题做完，免得将来给世界留下一道尚未证完的难题。"

阿基米德设计制造了许多巧妙的军事装备，用来抵抗罗马军队的入侵

■ 保卫家乡

公元前213年，罗马军队进攻阿基米德的家乡叙拉古。当时的阿基米德已经74岁高龄了，但他仍竭尽所能地保卫着自己的家园。

罗马军队的统帅玛尔凯路率领舰队，从海上进攻叙拉古。阿基米德此时已做好了充分的准备，当敌人的舰队逼近时，阿基米德就启动早已准备好的远程投射机器，将大石块投射到1000米以外。大石块如冰雹般打在敌人的战舰上，使得敌人船沉兵死。玛尔凯路束手无策，只得暂时撤军。

不甘心失败的罗马军队一次次展开进攻，阿基米德都顽强地坚守城池。有时，罗马人把带有攻城机的战舰开到叙拉古城下，阿基米德就把那种挂着"长嘴"的机器开动起来，一块块石头从"长嘴"里倾落而下，把战舰砸得稀巴烂；有时，阿基米德还从城上放下一种铁钩，它能钩住船头，将船拉起来，使船向一边翻倒。

玛尔凯路的各种进攻都被阿基米德的发明——击败，最后他只好采取围城的办法。

罗马军队围困了叙拉古整整8个月，最后趁叙拉古人欢度节日疏于防范之际，才攻陷了叙拉古。

哥白尼——"日心说"的创立者

▲波兰科学院外的哥白尼雕像

箴言

在许多问题上我的说法跟前人大不相同，但是我的知识得归功于他们，也得归功于那些最先为这门学说开辟道路的人。

尼古拉·哥白尼（Nicolaus Copernicus，1473—1543），文艺复兴时期波兰伟大的天文学家、日心说创始人、近代天文学的奠基人。他从根本上推翻了"地球中心说"，揭穿了宗教神学伪造的谎言，对社会革命起了巨大的推动作用。他也是一位多才多艺、学识渊博的巨人，是杰出的医生、社会活动家、数学家、经济学家和画家。

■ "地心说"横空出世

说起哥白尼，我们最先想到的应该就是他的著作《天体运行论》。这本书改变了几千年来人类的宇宙观，对欧洲文艺复兴时代的思想革命和以后天文学的发展，都产生了很大的影响。但是在当时，"地心说"是维持教会统治的神学理论基础，人们深信地球是居于宇宙中心不动的，太阳、月球、行星和恒星都围绕着地球转动。哥白尼深知发表"日心说"的后果："我清楚地知道，一旦他们弄清楚我在论证天体运行的时候认为地球是运动的，就会竭力主张我必须为此受到宗教裁判……他们就会大叫大嚷，当即把我轰下台。"因此，哥白尼迟迟不愿意发表他的著作《天体运行论》。

直到1539年春天，在德国青年学者雷迪卡斯和其他朋友的敦促下，哥白尼才同意发表。

1541年秋天，雷迪卡斯把修改稿带到纽伦堡，请路德派的一位神学家奥幸德匿名撰写一篇前言，神学家宣称"这部书不可能是一种科学的事实，而是一种富于戏剧性的幻想"。

1543 年 3 月,《天体运行论》终于出版。这部巨著从写成初稿到最终出版,前后竟耗时近"四个九年"。

当拿到这本书时,哥白尼已经瘫痪在床一年多了,他只摸了摸书的封面,便欣慰地闭上了眼睛。

■ 伟大著作《天体运行论》

《天体运行论》这部巨著共分六卷:第一卷是宇宙论,论述了"日心说"的基本思想;第二卷是数学公式,以三角学论证了天体运行的基本规律;第三卷是用数学描述地球的运动;第四、第五、第六卷讨论了月球和其他行星的运行规律。

在书中,哥白尼大胆地提出:"太阳是宇宙的中心,所有行星都围绕太阳运转;地球不是宇宙的中心,而是绕太阳运转的一颗普通行星。人们每天看到的太阳由东向西运行,是因为地球每昼夜自转一周的缘故,而不是太阳在移动。天上星体的不断移动,是因为地球本身在转动,而不是星体围绕着静止的地球转动。火星、木星等行星在天空中有时顺行,有时逆行,是因为它们各依自己的轨道绕太阳转动,而不是因为它们行踪诡秘。月球是地球的卫星,一个月绕地球转一周。"

哥白尼建立起一个新的宇宙体系——"日心体系",即太阳居于宇宙的中心且静止不动,而包括地球在内的行星都绕太阳转动。离太阳最近的是水星,其次是金星、地球、火星、木星和土星。只有月球绕地球转动,恒星天球则在离太阳很远的一个天球面上静止不动。

◀ 哥白尼肖像

哥白尼把统率整个宇宙的支配力量赋予了太阳,而各个天体则都有其自然的运动。他系统而明晰地批判了"地球中心说",并且从物理学的角度对"日心说"可能遭到的责难给出了答复。

哥白尼还在这本书中批判了托勒密"地球是静止的"理论。他指出地球是运动的,日月星辰每天东升西落是地球自转造成的,人们之所以觉得是整个宇宙在转动,是人的直观感受作祟,犹如人在行船上,不觉船动而觉得陆地和城市后退一样。地球不动是假象,地球绕太阳转动才是真实。

哥白尼创立的"太阳中心说"从根本上改变了旧的宇宙观,揭穿了宗教神学伪造的谎言,在科学发展史上具有划时代的意义,从此自然科学便从宗教神学中解放出来了。

韦达——代数学之父

箴言

没有不能解决的问题。

韦达素描像

弗郎索瓦·韦达（Francois Viete，1540—1603），法国数学家。年轻时当过律师，后来致力于数学研究，第一个有意识地和系统地使用字母来表示已知数、未知数及其乘幂，带动了代数理论研究的重大进步。他讨论了方程根的多种有理变换，发现了方程根与分数的关系（所以人们把叙述一元二次方程根与系数关系的结论称为"韦达定理"），在欧洲被尊称为"代数学之父"。

■ 律师的数学之路

韦达出生在法国东部的普瓦图，早年学习法律，毕业后成为一名律师，在法国议会里工作。

虽然韦达不是学数学的，但他却非常喜欢数学，常在工作余暇潜心研究。每当他被数学问题吸引住时，他总是一连数日将自己关在房间里。

韦达把自己的绝大部分业余时间都奉献给了数学，并做出了很多重要贡献，成为那个时代最伟大的数学家。

1579年，韦达出版了《应用于三角形的数学定律》，这是欧洲第一本使用6种三角函数解平面和球面三角形方法的系统著作。

从某种意义上说，韦达是几何学的权威，他曾解出了著名的几何问题，求作一圆相切于三个已知圆（原出阿波罗尼奥斯，解法早已失传），韦达用严格的尺规作图法得出了该圆。

韦达还利用阿基米德的方法，通过多边形来计算圆周率（π）。在计算中韦达使用了393.216边的多边形，得出的π值精确到小数点后九位——这是当时求出的最佳π值。

韦达创设了大量的代数符号，用字母代替未知数，系统地阐述并改良了三次、四次方程的解法，指出了根与系数之间的关系，并给出三次方程不可约情形的三角解法。此外，他还发现了 $\sin A$ 和 $\cos A$ 的展开式。由此，他当之无愧地获得了"代数学之父"之称。

韦达的著作有《数学典则》《分析方法入门》《论方程的识别与修正》《分析五章》《应用于三角形的数学定律》等。他的这些著作以独特形式阐述了文艺复兴时期的全部数学内容。只可惜韦达著作的文字比较晦涩难懂，在当时不能得到广泛传播。在他逝世后，才由他人汇集整理并编成《韦达文集》，于1646年出版。

韦达1603年卒于巴黎，享年63岁。

■ 与罗门的较量

比利时的数学家罗门曾提出一个45次方程的问题并向各国数学家们挑战。

法国国王把这个问题交给了韦达，韦达当时只得出1个解，回家后一鼓作气，很快又得出了22个解。

韦达的答案公布之后，震惊了数学界。

后来，韦达又回敬了罗门一个问题，罗门苦思冥想数日方才解出，而韦达却轻而易举地解了出来，为祖国争得了荣誉。其数学造诣由此可见一斑。

■ 未卜先知

在法国和西班牙的战争中，法国人对于西班牙的军事企图总能事先洞察，进而先发制人，因而在两年内就打败了西班牙。

西班牙国王腓力普二世对法国人在战争中的"未卜先知"十分恼火，但又无法理解，于是便向教皇控告说，法国人在对付他的国家时使用了"魔法"，与基督教信仰的惯例"相矛盾"。

事实上，是韦达用缜密的数学方法成功地破译了西班牙人的军事密码，才使他的祖国赢得了战争上的主动权。

▲ 代数学之父——韦达

耐普尔——发明对数的数学奇才

耐普尔（Napier，1550—1617），英国数学家。他把大部分时间和精力花费在那个时代政治和宗教的争论之中。他强烈反对天主教，拥护清教徒领袖约翰·诺克斯和英王詹姆斯一世的事业，而使他名垂青史的却是他的数学消遣之一——发明对数。他一生先后为改进计算得出了球面三角中的"耐普尔比拟式""耐普尔圆部法则"以及作乘除用的"耐普尔算筹"。为制作对数表他花了整整20年时间。1614年，耐普尔发表了他的《关于奇妙的对数表的说明》一书，书中不仅提出了数学史上第一张对数表（布尔基的对数表发表于1620年），而且阐述了这个发明的思想过程。

▲ 耐普尔回忆录里的肖像图

箴言

我总是尽量使自己的精力和才能去摆脱麻烦而单调的计算，因为这种令人厌烦的计算常使学习者望而生畏。

■ 数学史上的又一里程碑——对数

1614年，居住在爱丁堡的一位苏格兰贵族公布了他的一项重要发明，这个消息很快就传开了。

第二年，经过一些通信联系后，一位数学教授乘坐马车从伦敦出发，前往爱丁堡，去会见这位令他无比崇敬的苏格兰人。在他看来，这位苏格兰人简直是个天才。

这位数学教授在旅途日记中这样写道：这个苏格兰人的前额一定很高，因为他头脑发达，否则难以成就如此惊人的发明。

由于意外的事故，教授在路上延误了时间，而此时正在爱丁堡焦急等待的苏格兰贵族终于失望了，他想教授一定不会来了。

谁知教授却奇迹般地出现在了他的面前，他们在沉默中相互凝视了达一刻钟之久。

后来，教授说："我经历了长途跋涉专程来看望你，就是想要知道你是拥有怎样聪明的头脑，才使得你最先想出这一对于天文学发展有诸多帮助的计算方法。你发现了它，这看起来好像很容易，但是我很奇怪，在此之前为什么没有人能够发现它呢？"

教授作为贵宾在贵族的城堡里停留了一个月之久。

这位苏格兰贵族就是梅尔契斯顿堡的耐普尔，去访问他的数学教授就是伦敦格雷舍姆学院的几何学教授布里格斯（Briggs，1561—1631），那项重要的发明就是节省大量人力的一项计算方法——对数，它无疑是数学史上的一座里程碑。

数学史上的"四大发明"包括印度-阿拉伯记号、十进制小数、对数和计算机，其中的对数是 17 世纪由耐普尔发明的。

耐普尔以其天才的 4 个成果被载入数学史，它们是：

1. 对数的发明；

2. 重新建立用于解球面直角三角形的 10 个公式的记忆法，称为圆的部分法则；

3. 发现用于解球面非直角三角形的 4 个三角公式中的至少 2 个公式；

4. 所谓耐普尔尺的发明，它用于机械地进行数的乘除法运算和求数的平方根。

其中对数的发明被整个欧洲积极采用，特别是在天文学界，简直要为这项发明而沸腾起来了。

法国分析学家拉普拉斯认为："对数的发现以其节省劳力而延长了天文学家的寿命。可以说对数的发现使现代化提前了至少 200 年。"

▲
苏格兰国家博物馆展出的 1680 年左右的耐普尔关于对数的计算表（摄影：Kim Traynor）

■ 干净，未必无罪

一次，耐普尔宣称他的黑毛公鸡能为他证实：他的哪一个仆人偷了他的东西。

仆人们被一个接一个地带进暗室去拍公鸡的背部，但仆人们不知道耐普尔事先用烟涂黑了公鸡的背。而自觉有罪心虚的那个仆人，怕公鸡真能发现他是小偷，就没有拍公鸡的背，回来时手是干净的。

伽利略——近代科学之父

真理就是具备这样的力量，你越是想要攻击它，你的攻击就愈加充实了和证明了它。

伽利略·伽利莱（Galileo Galilei，1564—1642），意大利文艺复兴后期伟大的物理学家和天文学家，科学革命的先驱，经典力学和实验物理学的开拓者，发明了光学望远镜并取得大量成果。首先在科学实验的基础上融会贯通了数学、物理学和天文学三门知识，扩大、加深并改变了人类对物质运动和宇宙的认识。为了证实和传播哥白尼的日心说，伽利略献出了毕生精力，因此，他被称为"近代科学之父"。他的工作，为牛顿的理论体系的建立奠定了基础。他是为维护真理而进行不屈不挠斗争的战士，恩格斯称他是"不管有何障碍，都能不顾一切而打破旧说，创立新说的巨人之一"。

意大利物理学家、天文学家和哲学家，近代实验科学的先驱者——伽利略

■ 伽利略和车夫

有一回，伽利略为了节省钱，搭了一辆拉橄榄油的车从比萨去佛罗伦萨。

在路上，伽利略热情地跟车夫聊天，可是车夫一开口就是怎样赚钱，而伽利略一开口就是他的数学计算。两个人越谈越糟糕，最后干脆谁也不再说话。

伽利略盯着车夫装橄榄油的桶发呆，因为他很想算出桶的容积。那这些桶的容积应该怎样计算呢？这些桶几乎都是圆柱体，要求出桶的容积，看来只能用桶的底面积乘以桶的高度来计算了。

伽利略目测了一下桶的高度和直径，一下子便把这些桶的容积算了出来。

"你每桶橄榄油是300公升？"

"你怎么知道的？"

伽利略认真地给车夫讲解起计算公式来。可是，无论伽利略怎样耐心地解释，车夫还是听不懂。固执的车夫认为伽利略是在使用巫术，结果马车到达佛罗伦萨之后他怎么也不敢收伽利略付给的钱。

■ 比萨斜塔上的权威挑战

古希腊的亚里士多德认为，两物体从同一高度落下，其下落速度和它的重量成正比，物体越重，下落的速度越快。

年轻的伽利略根据自己的经验推理，大胆地对亚里士多德的学说提出了质疑。经过深思熟虑，他决定亲自动手做一次实验，最终选择了比萨斜塔作为实验场所。

这一天，他带来了两个大小一样但重量不等的铁球，一个重 100 磅，是实心的；另一个重 1 磅，是空心的。伽利略站在比萨斜塔上，俯瞰地面。塔下面挤满了前来观看的人，大家议论纷纷。

实验开始了，伽利略两手各拿一个铁球，大声喊道："下面的人们，你们看清楚，铁球就要落下去了。"

说完之后，伽利略把两手同时张开。人们看到，两个铁球平行下落，几乎同时落到了地面上。在场的所有的人都目瞪口呆了。

伽利略的试验，揭开了落体运动的秘密，推翻了亚里士多德的学说。这个实验在物理学的发展史上具有划时代的重要意义。

■ 不屈不挠的斗争

伽利略很早就相信哥白尼理论（即行星绕太阳公转），并公开表示支持，这惹怒了亚里士多德派的教授们。他们联合起来反对他，并命令伽利略不准再"保卫或坚持"这一学说。伽利略勉强接受了。

伽利略是一个忠实的天主教徒，但他对科学独立的信仰却从未动摇过。1642 年，距伽利略逝世还有 4 年，当时他仍然被软禁，他的第二本主要著作的手稿被私下交给一个荷兰的出版商出版。就是这本被称为《两种新科学》的书，最终成为现代物理学的起源。

比萨斜塔是意大利比萨城大教堂的独立式钟楼，位于意大利托斯卡纳省比萨城北部的奇迹广场上，是比萨城的标志。当年，伽利略就是在这座建筑上进行了著名的自由落体试验

开普勒——天空的立法者

▲ 开普勒肖像

约翰尼斯·开普勒（Johannes Kepler，1571—1630），德国天文学家，他指出"行星以椭圆形轨道绕太阳运转，太阳是控制行星轨道的主力"，打破了几个世纪以来的信仰与传统。他的行星运动三定律，即开普勒定律，对其后的天文学家产生了深远的影响，并为我们今天了解太阳系奠定了基础。后世学者尊称开普勒为"天空立法者"。

■ 在苦难中怒放的生命

开普勒出生于德国西南部符腾堡的一个贫苦家庭，他从小就体弱多病，父母亲又时常吵架。他自出生便与祖父母同住，直到1576年，开普勒因患天花病的关系，才与父母移居雷昂贝格，并就读于当地的一间拉丁文学校，这才正式开始他的校园生活。

虽然生活如此窘迫，可是开普勒从小便聪颖好学，立志要成为一名牧师。

少年时代的开普勒因为体弱多病而影响到学业，因此他需要付出比其他小朋友多一倍的时间和心思才能够完成中学的课程。

1589年开普勒进入了杜宾根大学，主修哲学及神学，同时期还兼读数学及天文学，他成绩优异，靠奖学金完成了学业。

好学不倦的开普勒努力地学习和研究，终于在1593年毕业，并获硕士学位。一年之后，更受聘于奥地利的格拉茨大学，成为该校的数学系教授。

■ 撰写行星与太阳的法度

当时哥白尼提出了地球绕太阳运转的假说，认为行星绕着太阳的轨道是圆形的。为了反驳这一观点，开普勒花了几年的时间，细心计算行星的轨道，从而证明行星是沿着椭圆形的路线行进的。

开普勒在任教期间，潜心进行天文探索，并在1596年出版了《宇宙的神秘》一书。此书受到天文学家第谷的赏识。

1600 年，开普勒移居布拉格，应邀成为了第谷的助手。

第谷逝世后，开普勒参考第谷遗留下来的大量资料，利用几何曲线描述火星的运动，发现火星运动的轨迹不是圆，而是椭圆，并且发现其运行速度不匀。

1609 年，开普勒在《新天文学》一书中，发表了著名的第一定律和第二定律。第一定律把太阳的位置精确标定在椭圆焦点上，各行星都在椭圆轨道上绕太阳运行。第二定律又叫"面积定律"，在形式上揭示了行星与太阳的连线在等时间内扫过的面积是相等的，这在本质上阐明了行星离太阳近则快、远则慢的不匀速性。

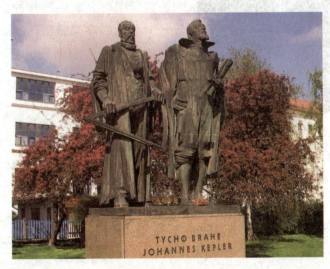

TYCHO BRAHE
JOHANNES KEPLER

1619 年，开普勒在《宇宙和谐论》一书中发表了第三定律，即椭圆长轴一半的立方与行星绕太阳一周的时间的平方之比是一个常量。

开普勒的发现为人类科学事业的发展做出了巨大的贡献。

■ 贡献不止一方面

1604 年，开普勒发现蛇夫座附近一颗新星，即"开普勒新星"。

1611 年他出版了近代望远镜理论著作《光学》。

1618—1620 年他发表了《哥白尼天文学简论》一文。

1619—1620 年他发表了《彗星论》一书，预言了太阳光辐射压力的存在。

1627 年他出版了《鲁道夫星表》，直到 18 世纪该表一直被视为标准星表。

开普勒于 1629 年出版了《稀奇的 1631 年天象》一书，预言 1631 年 11 月 7 日将出现水星凌日现象，12 月 6 日金星也将凌日。果然，在预报的日期，巴黎的加桑狄观测到水星通过日面，这是最早的水星凌日观测。由于金星凌日发生在夜间，因而当时的人们未能观测到。

位于捷克布拉格的第谷和开普勒纪念像

牛顿——科学巨人

艾萨克·牛顿（Isaac Newton，1643—1727），英国伟大的物理学家、数学家和天文学家，近代科学的开创者，他的三大成就——光的分析、万有引力定律和微积分学，为现代科学的发展奠定了基础。牛顿被誉为"物理学之母"。

箴言

如果我看得远，那是因为我站在巨人的肩上。

■ 扎根篱笆下的数学

牛顿出生在一个普通的农民家庭，未出生时父亲就已经去世了，母亲在他2岁那年改嫁给了一个牧师。14岁的时候，不幸再次降临，继父的离世，使牛顿被迫休学回家。

为了培养牛顿的独立谋生能力，母亲让他学习做买卖。

牛顿虽然不愿意离开学校，但生活的压力迫使他不得不屈从母亲的意志。

每天一大早，牛顿就跟一位老仆人到十几里外的大镇子上去做买卖。但他总是把所有的事务都交托给老仆人去办，自己却偷偷躲起来去读书。

为了不让家里人发觉，牛顿每天都会和老仆人一同出去，然后到半路停下，在一个篱笆下读书；等下午老仆人回来时，他们再一同回家。

▲ 科学巨人牛顿

一天，牛顿正在篱笆下读书，被碰巧路过的舅舅看见。舅舅见他没有去镇上做买卖，非常生气，大声责骂他不务正业，并把牛顿的书抢了过来。但当舅舅看到他所读的是数学书，上面标着各种记号时，既心疼又感动。他一把抱住牛顿，激动地说："孩子，就按你的志向发展吧，你的正道应该是读书。"

回到家里后，舅舅竭力劝说牛顿的母亲，让牛顿弃商就学。

在舅舅的帮助下，牛顿终于再次走进校园。

■ 忘我的工作态度

牛顿对于科学研究已经专心到痴迷的地步。有一次牛顿煮鸡蛋，他一边看书一边思考问题，随手就把一个东西扔进了锅里。等锅里的水沸腾后，掀开锅盖一看，"啊！"他惊叫起来，锅里煮的竟然是一块怀表。原来他思考问题时竟然心不在焉地把怀表当作鸡蛋放进了锅里。

还有一次，牛顿邀请一位朋友到他家吃午饭。但沉溺于数学世界的牛顿，竟把这件事给忘记了。他的佣人照例只准备了牛顿一个人的午饭。

临近中午，客人应邀而来，他见牛顿正在埋头计算，就没有打搅牛顿。客人见桌上摆着饭菜，以为是给他准备的，于是坐下吃了起来，吃完后就悄悄地走了。

当牛顿终于把题算完，走到餐桌旁准备吃午饭时，看见盘子里吃过的鸡骨头，恍然大悟地说："我以为我没有吃饭呢，原来吃过了。"

■ "千锤万凿出深山"

牛顿费尽心血算出"万有引力定律"后并没有急于发表，而是孜孜不倦地继续深思、研究。后来，牛顿的朋友——天文学家哈雷，在证明关于行星运行轨道的规律时遇到困难，专程登门请教牛顿。当牛顿把自己关于计算"万有引力"的书稿交给哈雷看时，哈雷才知道他所要请教的问题，正是牛顿早已解决、早已算好了的问题，顿时钦羡不已。

1684 年 11 月，哈雷再次拜访牛顿。当谈到有关天文学的学术问题时，牛顿拿出写好的关于论证"万有引力"的论文，请哈雷提意见。哈雷看后，对这一巨著感到非常惊讶，他欣喜地对牛顿说："这真是伟大的论证、伟大的著作！"他再三劝说牛顿尽快发表这部伟大著作，以造福人类。可是牛顿还是没有轻易地发表自己的著作，而是经过长时间的一丝不苟地反复验证和计算，直到确认正确无误后，才于 1687 年 7 月将《自然哲学的数学原理》公诸于世。

在威廉·布莱克的作品《牛顿》中，牛顿被描绘为"神学几何学家"

富兰克林——驯服『上帝的怒火』的『狂人』

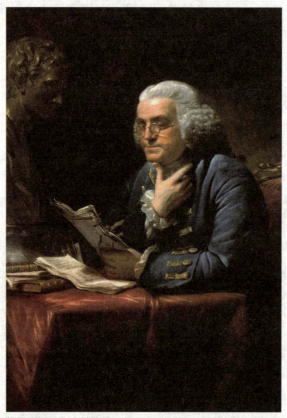

▲ 油画作品中的富兰克林，由大卫·马丁绘制于 1767 年

本杰明·富兰克林（Benjamin Franklin，1706—1790），美国最伟大的科学家，著名的政治家、文学家、实业家、社会活动家、思想家和外交家。在电学上解答了"电为何物"的问题，将不同状态下的电称为"正电"和"负电"，提出了电学中的"一流论"，在大气电学方面揭示了雷电现象的本质，被誉为"第二个普罗米修斯"。这些电学上划时代的研究成果使他成为蜚声世界的一流科学家。

■ 与坏习惯的"搏斗"

富兰克林有一个习惯，每天晚上都把一天的情形重新回想一遍。

他发现自己有 13 个很严重的缺点，下面是其中的 3 项：浪费时间、为小事烦恼、和别人争论起冲突。

聪明的富兰克林意识到，除非他能够改正这一类的缺点，否则将来不可能取得什么成就。

所以，他决定一个礼拜选出一项缺点来"搏斗"，然后把每一天的输赢做成记录。在下个礼拜，他再挑出一个坏习惯，继续另一场战斗。富兰克林这场每个礼拜改掉一个坏习惯的战斗持续了两年多。

■ 该低头时就低头

年轻时，富兰克林曾去拜访过一位德高望重的老前辈。

那时他年轻气盛，挺胸抬头迈着大步，一进门，他的头就狠狠地撞在门框上，疼得他一边不住地用手揉搓，一边盯着比他矮一大截的门。

出来迎接他的前辈看到他这副样子，笑了笑说："很痛吧！可是，这将是你今天拜访我的最大收获。一个人要想平安无事地活在世上，就必须时刻记住：该低头时就低头。这也是我要教你的事情。"

■ 驯服"上帝的怒火"

1752年6月的一天，阴云密布，电闪雷鸣，一场暴风雨就要来临了。富兰克林和他的儿子威廉一道，带着装有金属杆的风筝来到空旷地带。富兰克林高举起风筝，他的儿子则拉着风筝线飞跑。由于风大，风筝很快就被放上高空。刹那间，雷电交加，大雨倾盆。富兰克林和他的儿子一同拉着风筝线，焦急地期待着。此时，刚好一道闪电从风筝上掠过，富兰克林马上用手靠近风筝上的铁丝，手指上随即掠过一种恐怖的麻木感。他抑制不住内心的激动，大声呼喊："威廉，我被电击了！"

随后，富兰克林又将风筝线上的电引入莱顿瓶中。

回到家里以后，富兰克林用收集来的雷电进行了各种电学实验，证明了天上的雷电与人工摩擦产生的电具有完全相同的性质。富兰克林关于"天上和人间的电是同一种东西"的假说，在他的这次实验中得到了证实。

■ 从风筝到避雷针

风筝实验的成功，使富兰克林在全球科学界名声大振。英国皇家学会授予他金质奖章，并聘请他担任皇家学会的会员。他的科学著作被译成了多种语言，他的电学研究也取得了初步的胜利。然而，在获得了荣誉和胜利之后，富兰克林并没有停止对电学的研究，又发明了避雷针。

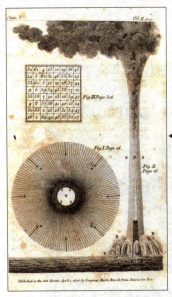

本杰明·富兰克林发表关于龙卷风的论文内的插图

欧拉——分析学的化身

如果命运是块顽石，我就化作大锤，将它砸得粉碎！

莱昂哈森·欧拉（Leonhard Euler，1707—1783），瑞士数学家及自然科学家，数学史上迄今为止研究成果最丰富的数学家，其研究涉及到代数、三角、微积分、微分方程、解析几何、微分几何、数论、级数理论以及变分法等方面，在这些领域做出了重要的甚至有些是开创性的贡献。在许多数学的分支中经常能够见到以欧拉的名字命名的重要常数、公式和定理。他还是数学符号的发明者之一，一些数学符号，如"$\sum$、e、i、π"等，也是由于欧拉的倡导而得以普遍使用的。

■ 都是星星惹的祸

欧拉曾在一个教会学校里读书。有一次，他向老师提问，天上有多少颗星星。

老师是个神学的信徒，他不知道天上究竟有多少颗星，圣经上也没有回答过。

于是老师不懂装懂，回答说："天上有多少颗星星，这无关紧要，只要知道天上的星星是上帝镶嵌上去的就够了。"

欧拉感到很奇怪：上帝是怎么把星星一颗一颗镶嵌到天幕上的呢？他为什么忘记了星星的数目呢？上帝会不会太粗心了呢？

他向老师提出了心中的疑问，老师又一次被问住了，心中顿时升起一股怒气。这不仅是因为一个学生向老师提出了这样的问题，使老师下不了台，更重要的是，老师把上帝看得高于一切，欧拉居然责怪上帝为什么没有记住星星的数目。

在欧拉所处的年代，上帝的存在是绝对不容置疑的，人们只能做思想的奴隶，绝不允许自由思考。

欧拉没有与教会、与上帝"保持一致"，因此被学校开除了。

Johann Georg Brucker 绘制的欧拉像

■ 篱笆造就的大学生

被学校开除以后，欧拉成了一个牧童。他一面帮爸爸放羊，一面读书，其中有不少是关于数学方面的书。

爸爸的羊群渐渐增加到了 100 只，原来的羊圈有点小了，需要建造一个新的羊圈。爸爸量出了一块土地，长 40 米，宽 15 米，面积正好是 600 平方米，平均每一头羊占地 6 平方米。

正要动工的时候，爸爸发现篱笆只够围周长 100 米的羊圈，如果要围成长 40 米、宽 15 米的羊圈，其周长将是 110 米。

爸爸感到很为难，要是按原计划建造，就要再添 10 米长的材料；要是缩小面积，每头羊的占地面积就会小于 6 平方米。

欧拉告诉爸爸，只要稍稍移动一下羊圈的桩子就行了。

爸爸听了直摇头，心想：世界上哪有这样便宜的事情？但是，小欧拉却坚持说，他一定能做到两全其美。爸爸无奈，终于同意让儿子试试看。

欧拉跑到准备动工的羊圈旁，以一个木桩为中心，将原来的 40 米边长缩短到 25 米。

爸爸着急了，说："那怎么成呢？那怎么成呢？这个羊圈太小了，太小了。"

欧拉不回答，跑到另一条边上，将原来 15 米的边长延长了 10 米，变成了 25 米。经这样一改，原来计划中的羊圈变成了一个边长 25 米的正方形。然后，小欧拉很自信地对爸爸说："现在，篱笆也够了，面积也够了。"

爸爸照着小欧拉设计的羊圈扎上了篱笆，100 米长的篱笆真的够了，不多不少，全部用光。面积也足够了，而且还稍稍大了一些。

爸爸觉得，让这么聪明的孩子放羊实在太可惜了，于是想办法让欧拉认识了一个大数学家伯努利。1720 年，欧拉通过这位数学家的推荐，成了巴塞尔大学的一名大学生。

这一年，欧拉只有 13 岁，是这所大学最年轻的学生。

欧拉是瑞士最伟大的一位数学家和物理学家，他的头像甚至被选为 10 瑞士法郎的正面图案

瓦特——工业革命的伟大旗手

恩格斯在《自然辩证法》中这样写道："蒸汽机是第一个真正国际性的发明……瓦特把它加上了一个分离的冷凝器，这就使蒸汽机在原则上达到了现在的水平。"

亨利·霍华德于 1797 年绘制的瓦特肖像，现藏于伦敦国家肖像画廊

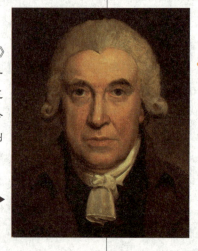

詹姆斯·瓦特（James Watt，1736—1819），英国人，世界公认的蒸汽机发明者。瓦特改进、发明的蒸汽机是对近代科学和生产的巨大贡献，具有划时代的意义，拉开了第一次工业革命的序幕，极大地推进了社会生产力的发展。

■ 贫寒羸弱中的坚韧

瓦特的父亲是一个穷苦的木匠，母亲负担全部的家务，生活异常艰辛。由于他出生于这样贫寒的家庭，父母很难给他一个结实健康的身体。所以，童年的瓦特身体非常虚弱，以致于失去了入校读书的机会。时间长了，孩子们常常说他坏话，叫他"懒孩子"、"病包子"。瓦特听了很不高兴，他的自尊心很强，不甘心就这样虚度童年，他渴望学习，于是不断地向父母要求读书。父母拗不过他，只好答应不管怎样辛苦劳累，都要抽空教他读书、写字还有算术。瓦特于是开始认真学习，他学的知识虽不多，但却记得很牢固，有时还能举一反三。

■ 丰硕的成果

瓦特生活的时代，正是历史上发生变革的时代。一是政治变革，君主专制变为民主共和；二是经济变革，家庭手工业变为工厂机器生产。前者以法国先行，后者以英国领先。

那个时代，虽有粗陋蒸汽机的发明，但只能应用在玩具上，离完整的蒸汽机还差得远呢。

有一次，格拉斯哥大学里的一台牛康门蒸汽机坏了，瓦特自告奋勇修复它。他像一个熟练的机械工人一样，动手修理着。在修理过程中，瓦特迷上了这台机器，最终使它复活。修理完毕后，瓦特在汽锅里放了水，机器便发动起来。可是，几分钟后便停了下来。

瓦特经过仔细研究，发现这种机器存在着很严重的缺陷，那就是汽筒裸露在外边，四周的冷空气使它温度逐渐下降，蒸汽输入后，还没等汽筒热透，就有一部分变成水了。要使汽筒再变热，又要消耗更多蒸汽，这样一冷一热，又一热一冷反复循环下去，只能有四分之一的蒸汽发挥作用，其余四分之三就这样被浪费掉了。

问题提出来了，而且是一个很值得重视的问题。一向善于动脑筋刻苦钻研的瓦特又怎能放过呢？

他想：解决问题的途径，必须从保持汽筒的温度开始考虑，可是怎么保持呢？他查阅了大量书籍，四处请教别人，还经常一个人在房间里思考。

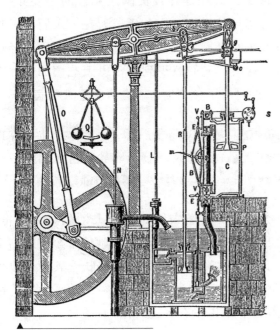

▲ 瓦特发明的蒸汽机的工作原理

有一天，瓦特在格拉斯哥大学的草坪上散步时，忽然想出了解决的办法。假如在汽筒的外边安装上一个"分离凝结器"，蒸汽就可以在"凝结器"内化成水，汽筒便不会冷却，就不会浪费热量了。

瓦特豁然开朗，立即回到修理间，开始工作。他废寝忘食地研究，夜以继日地实验，排除了重重困难，终于制成了"分离凝结器"。这是瓦特对蒸汽机的最大贡献。

1769年，瓦特把蒸汽机改成动力较大的单动式发动机。后来又经过多次改良，于1782年完成了新的蒸汽机的试制工作。机器上有了联动装置，单式改为了旋转运动，进一步完善了蒸汽机的发明。

由于蒸汽机的发明与改良，加之英国当时煤铁工业发达，所以英国就成为世界上最早利用蒸汽推动铁制"海轮"的国家。

19世纪，开始海上运输改革，一些国家率先进入了所谓的"汽船时代"。从此，船只就可以行驶在茫茫无际的大海上了。在那之后，蒸汽机在煤矿、工厂、火车等领域也被广泛应用。

体力劳动解放了，经济发展了，这不能不说是得益于蒸汽机的发明，而这自然离不开蒸汽机的发明者瓦特的功劳。

琴纳——免疫学之父

免疫学之父——琴纳

爱德华·琴纳（Edward Jenner，1749—1823），英国医学家，以研究及推广牛痘疫苗，防止天花而闻名，被称为"免疫学之父"。

箴言

1980年，世界卫生组织宣布了一个振奋人心的消息：天花这种曾经一年就能夺去上百万人性命的病毒性疾病已经被彻底消灭了。这还是人类首次取得的对抗流行性疾病的全面胜利。这完全是近200年前英国格洛斯特郡一位名叫爱德华·琴纳的医生进行的实验带给我们的胜利果实。这次实验也许是有史以来最重要的一次医学实验。琴纳通过实验发明了预防天花的牛痘接种法，为人类预防和消灭天花做出了卓越的贡献。

■ 天花终结者——牛痘接种法

18世纪，天花是导致英国人死亡的主要原因，英格兰岛每年就有45000人死于天花，人们为了找出预防天花的可靠方法，进行过多年的努力。经过长时间的观察，人们意识到：曾患天花病的幸存者从那以后便具有了免疫力，不会再次患天花病。

在东方，根据这一结论衍生出一种接种方法，即从患有轻度天花症的人体内取出病毒给健康人接种，其目的是为了让接种过的人只染上轻微的天花症，待恢复后获得免疫功能。

一次，琴纳应邀去给一位农夫治病。在那里，琴纳发现了15位挤牛奶的少女，她们个个皮肤白净光滑，于是他称赞她们善于保养皮肤。其中一位少女说，她们的皮肤之所以比别人好，是因为她们都染上过牛痘，所以没有生过天花。

原来，在英国乡下早有一种认识：感染过牛痘的人不会再染上天花，琴纳了解到这一情况后，立刻着手开始证实这一村野传说。他让生过牛痘的人同天花患者接触，发现生过牛痘的人果然没有染上天花；他又把天花病毒注射到这些人身上，也没有起作用。事实证明，接种牛痘的确对天花具有免疫功能。

1796 年 5 月 14 日，琴纳从一个奶场女工手上的牛痘脓胞中提取出少量胞液物质，并将其注射到一个 8 岁的男孩詹姆斯·菲普斯的体内。正如事先所料，这孩子患了牛痘，但很快就得以康复。琴纳又给他接种天花痘，结果这孩子并没有出现天花病症。经过进一步地调查研究后，琴纳在《天花疫苗因果之调查》一书中公布了他的实验结果，并于 1798 年出版了这本书。

最初，接种并不被出身于学府的医生们重视，但是天花毕竟导致了成千上万的人死亡，于是，从欧洲到美洲，人们开始悄悄地实验着琴纳最终确定的牛痘疫苗接种法：将减毒的天花病毒接种给牛犊，再取含有病毒的痘疱制成活疫苗，此疫苗被接种到人体的皮肤后，局部发生痘疱即可对天花病毒产生免疫。

■ 琴纳与"种痘节"

琴纳的研究成果公开以后，受到了来自社会各方面的压力。面对这些，琴纳选择保持沉默，但没有对自己的研究失去信心，继续免费为村民接种牛痘。

1798 年，英国、法国、俄国等地区又流行天花，这时接受过琴纳接种牛痘的人已经有 2018 人。在这次天花流行期间，这 2018 人没有 1 人传染上天花。琴纳的发现又一次得到了有力的证明，祝贺的函电像雪花般送到他的诊所里。琴纳无意从他的发现中获利，所以他无私地把他的接种方法奉献给了全世界。

1803 年，琴纳在伦敦成立了"皇家琴纳学会"，推广种痘免疫的方法。接种牛痘的知识很快传遍了世界各地，死于天花的人数在 10 年之内降到了最低，天花的流行终于被琴纳控制住了。

为了纪念琴纳对人类的伟大贡献，人们把每年的 5 月 14 日定为"种痘节"。

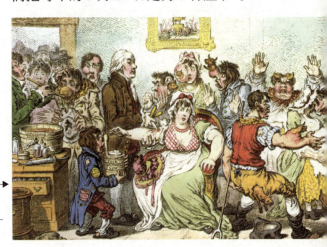

1802 年一本刊物上的漫画，反映了当时人们对于接种琴纳发明的疫苗的担心

道尔顿——近代化学之父

箴言

一些人比另外一些人获得更多的成就，主要是由于他们对放在他们面前的问题比起一般人能够更加专注和坚持，而不是由于他们的天赋比别人高多少。

近代化学之父道尔顿

约翰·道尔顿（John Dalton，1766—1844），英国化学家、物理学家，近代原子论的提出者。在对原子的研究方面取得了非凡的成果，因而被恩格斯誉为"近代化学之父"，成为近代化学的奠基人。他发现了"气体分压定律"和"倍比定律"，为人类揭开原子秘密并利用原子做出了卓越的贡献。他还是第一个发现色盲症的人。

■ 笑话引出大发现

1794年，28岁的道尔顿为了庆贺母亲的生日，特意抽出时间逛百货公司，想为慈祥的母亲选一件称心如意的生日礼物。

在母亲的寿宴上，道尔顿恭恭敬敬地献上他精心挑选的礼物："妈妈，希望您能喜欢这双袜子。"

望着孝顺的儿子，母亲高兴地接过这双袜子，随后却面露难色。

道尔顿不解地看着母亲："妈妈，这双深蓝色的袜子不适合您吗？"

"什么？深蓝色？哈哈哈……"母亲和一起前来道贺的客人们大笑起来，都以为道尔顿是在开玩笑。

瞧着热闹，道尔顿的哥哥也挤进人群，拿起袜子说："你们笑什么？这本来就是深蓝色的袜子啊！"

"孩子，这双袜子明明是鲜艳的红色。"妈妈亲切地说道。

这下道尔顿可真愣住了，母亲那郑重其事的神情并不像在开玩笑。科学家的直觉和理性告诉道尔顿，这里面一定有文章！他下决心一定要弄个水落石出。

经过一段时间的努力，道尔顿终于证实自己和哥哥都患有一种先天性的眼科疾病，这种疾病不痛不痒，只是对某些颜色分辨不清，因此很多人根本就不知道自己的眼睛不正常。

笑话引出个大发现！善于捕捉科学现象的道尔顿成功地发现了这一疾病并向社会公布了他的研究成果，并将这种眼病叫做"色盲"。他的发现引起了社会上的广泛关注，为了表彰他的贡献，英国还将他所发现的色盲症称为"道尔顿症"。

■ 光环下的阴影

1803 年 10 月 18 日，道尔顿在曼彻斯特学会上第一次宣读了他的有关原子论的论文，至此，系统的原子论被建立起来，由于该理论解决了很多化学基本定律的解释，所以很快为化学界所接受，道尔顿也因此名震英国乃至整个欧洲，各种荣誉也纷至沓来。1816 年，道尔顿被选为法国科学院院士；1817 年，道尔顿被选为曼彻斯特文学哲学会会长；1826 年，英国政府授予他金质科学勋章；1828 年，道尔顿被选为英国皇家学会会员；此后，他又相继被选为柏林科学院名誉院士、慕尼黑科学院名誉院士、莫斯科科学协会名誉会员，还得到了当时牛津大学授予科学家的最高荣誉称号——法学博士。

1808 年，法国化学家吕萨克在原子论的影响下发现了气体反应的体积定律，实际上这一定律也是对道尔顿原子论的一次论证，后来也得到了其他科学家的证实，并应用于气体元素的原子量的测量。但是吕萨克定律却遭到了道尔顿本人的置疑和反对，他不仅怀疑吕萨克的实验基础和理论分析，还对他进行了严厉地抨击。

1811 年，意大利物理学家阿佛加德罗建立了分子论，使道尔顿的原子论与吕萨克定律在新的理论基础上统一起来，但也遭到了道尔顿无情地反驳。

1813 年，瑞典化学家柏济力阿斯创立了用字母表示元素的新方法，这种易写易记的新方法被大多数科学家所接受，而道尔顿一直到死都是新元素符号的反对派。

虽然道尔顿的后半生对科学贡献不大，甚至阻挠别人的探索，但人们还是给予了他很高的评价。

▲ 瑞典化学家柏济力阿斯，他与道尔顿、拉瓦锡一起被认为是"近代化学之父"

伟大的数学家高斯

我的知识和成功，全是靠勤奋学习取得的。

卡尔·弗雷德里希·高斯（Carl Friedrich Gauss, 1777—1855），德国数学家、天文学家和物理学家，被誉为历史上伟大的数学家之一，和阿基米德、牛顿齐名，被称为"数学王子"。17岁发现了数论中的二次互反律；19岁解决了一个两千年来没有人能解决的数学难题，用直尺和圆规作出了正十七边形；24岁出版了《算术》，这是一部可以与欧几里德的《几何原本》并驾齐驱的巨著。

高斯——数学王子

■ "爸爸，你错了"

在高斯3岁的时候，他的父亲当上了泥瓦厂的工头，每逢星期六他总是要给工人发薪水。

有一次正当爸爸给工人计算薪水的时候，小高斯突然站了起来说："爸爸，你弄错了。"然后他说出了另外一个数目。

原来3岁的小高斯趴在地板上，心里默默地跟着爸爸计算该给谁多少工钱。重算的结果证明小高斯是对的，这把站在那里的大人都惊得目瞪口呆。

■ "老师，我算完了！"

高斯小时候上的是一所农村学校，他的算术老师来自大城市，看不起他们这些农村的穷孩子，所以老师在教他们的时候，根本就不认真备课。

这天，算术老师夹着一本小说，阴沉着脸走进教室，然后说："今天你们自己算题，谁先算完，就可以先回家吃饭。"

说完，老师转身在黑板上写下了这样一个题目："1+2+3+……+100=？"

同学们乖乖地低头计算，老师则悠闲地看起小说来。但没等他看上两页，高斯便举起小手喊道："老师，我算完了！"

"那你就说说等于多少！"老师不耐烦地说。

"5050！"

听到高斯的答案后，老师立刻放下手里的小说，惊讶地问："你是怎么算的？"

"我发现,"高斯不慌不忙地说,"这个题目一头一尾的两个数相加,所得的和都是101,总共有50个101,所以答案就是50×101=5050。"

"真妙呀!"老师受到了震动,自言自语地说,"这不就是等差数列求和的计算方法吗?可是我从来没有教过他们呀。"

从那以后,老师改变了对农村学生的看法。他尤其喜欢高斯,还经常买一些新书送给他读。在老师的热心帮助和指导下,高斯对数学越来越有兴趣,并终生与数学结下了不解之缘。

攀登科学殿堂

1795年,公爵为高斯支付了各种费用,送他进入德国著名的格丁根大学读书,这样就使得高斯能够按照自己的理想去勤奋地学习和进行创造性的研究。

1799年,高斯完成了博士论文,在论文中他证明了代数学中一个重要的定理,即任何一个多项式都有(复数)根,这个结论被称为"代数学基本定理"。其实在高斯之前有许多数学家已给出了这个结论的证明,可是没有一个证明是严密的。高斯把前人的缺失一一指出来,然后提出了自己的见解。

1801年,高斯用数学的方法创立了"行星椭圆运转法",成功地计算出谷神星的轨道。高斯这时已声名远扬,他的数学才能有目共睹,后来他成为格丁根天文台的台长。

为纪念高斯逝世100周年而发行的邮票

高斯对于电磁学和光学的贡献也非常杰出,1833年他和韦伯共同发明了电磁电报机。他们从高斯的天文台拉了一根电线到韦伯实验室,以伏特电池为电源,创造了第一台电磁电报机。后来为了纪念高斯,磁通密度的单位就以高斯的名字来命名。

高斯的数学研究几乎遍及所有领域,在数论、代数学、非欧几何、复变函数和微分几何等方面都做出了开创性贡献。他还把数学应用到天文学、土地测量学和磁学的研究上,并从中发现了最小二乘法原理。

达尔文——现代生物学之父

查尔斯·罗伯特·达尔文（Charles Robert Darwin, 1809—1882），英国生物学家，进化论的奠基人。1859年出版《物种起源》一书，全面提出以自然选择为基础的进化学说。该书出版后震动了当时的学术界，成为生物学史上的一个转折点。自然选择的进化学说对各种唯心的神创论、目的论和物种不变论提出根本性的挑战，使当时生物学各领域已经形成的概念和观念发生根本性的改变。随后他又发表了《动物和植物在家养下的变异》《人类由来及性的选择》和《人类和动物的表情》等书，对人工选择进行了系统地叙述，并提出性选择及人类起源的理论，进一步充实了进化学说的内容。

箴言

我从来不认为半小时是微不足道的很小的一段时间。

创作于19世纪30年代后期的达尔文肖像画

■ 环球考察之"高山贝壳"

1831年，英国政府组织了"贝格尔"号军舰的环球考察，达尔文经人推荐，以"博物学家"的身份自费搭船，开始了漫长而又艰苦的环球考察。

达尔文每到一处地方总要进行认真的考察研究。他采访当地的居民，有时还请他们当向导，跋山涉水，去采集矿物和动植物标本，挖掘生物化石，期间他还发现了许多没有被记载的新物种。他白天收集各类岩石标本、动物化石，晚上又忙着记录收集的过程。

1832年1月，"贝格尔"号停泊在大西洋佛得角群岛的圣地亚哥岛。水兵们都去考察海水的流向了，达尔文则和他的助手背起背包，拿着地质锤，爬到山上去收集岩石标本。

在考察过程中，达尔文根据物种的变化，整日思考着一个问题：自然界的这些奇花异树、人类万物究竟是怎么产生的？他们为什么会千变万化？彼此之间有什么联系？这些问题不断地在达尔文脑海里出现，以致越来越深刻，逐渐使他对神创论和物种不变论产生了怀疑。

1832 年 2 月底，"贝格尔"号到达巴西后，达尔文决定上岸考察，于是便向船长提出了要攀登南美洲的安第斯山的请求。当他们爬到海拔 4000 多米的高山上时，达尔文意外地在山顶上发现了贝壳化石。

达尔文非常吃惊，心中不禁疑惑：海底的贝壳怎么会跑到高山上了呢？经过反复思索，他终于明白了地壳升降的道理。达尔文此时脑海中一阵沸腾，对自己的猜想有了更进一步的认识：物种不是一成不变的，而是随着客观条件的不同而产生相应的变异！

后来，达尔文又随船横渡太平洋，经过澳大利亚，越过印度洋，绕过好望角，于 1836 年 10 月回到英国。在历时 5 年的环球考察中，达尔文积累了大量的资料，为他的生物进化理论寻找了根据。就这样，达尔文根据生物之间的相互制约、相互依存的关系，经过进一步的深入观察和研究，终于写出了《物种起源》等伟大著作，成为 19 世纪世界杰出的科学家和生物进化论的奠基人。

这幅漫画发表于 1871 年 3 月 22 日，借以讽刺达尔文提出的进化论

《物种起源》诞生

1842 年，达尔文第一次写出《物种起源》的简要提纲。1859 年 11 月，达尔文经过 20 多年研究而写成的科学巨著《物种起源》终于出版了。在这部书里，达尔文旗帜鲜明地提出了"进化论"，说明了物种处在不断的变化之中，是一个由低级到高级、由简单到复杂的演变过程。

这部著作的问世，第一次把生物学建立在完全科学的基础上，以全新的生物进化思想，推翻了"神创论"和物种不变的理论。《物种起源》是达尔文进化论的代表作，它标志着进化论的正式确立。

《物种起源》的出版，在欧洲乃至整个世界都引起了巨大轰动。它沉重地打击了神权统治的根基，从反动教会到封建御用文人都狂怒了。他们群起而攻之，诬蔑达尔文的学说"亵渎圣灵"，触犯"君权神授天理"，有失于人类的尊严。

与此相反，以赫胥黎为代表的进步学者，则积极宣传和捍卫达尔文主义，他们认为，进化论打开了禁锢人们思想的枷锁，启发和教育人们应从宗教迷信的束缚下解放出来。

伽罗瓦——天才数学家

箴言

别了！我为公共的福利已经献出了自己的大部分的生命。

埃瓦里斯特·伽罗瓦（Evariste Galois，1811—1832），法国著名数学家，提出了"群"的概念，用群论改变了整个数学的面貌。

英年早逝的法国数学家伽罗瓦

■ 天才的童年

伽罗瓦出生于法国巴黎的郊区拉赖因堡，父亲是小镇镇长，母亲受过良好的教育。12岁以前，伽罗瓦一直是由母亲教授知识的，在这期间他学习了希腊语、拉丁文和通常的算术课。

1823年，伽罗瓦考入巴黎的路易勒－格兰学院（皇家中学），开始接受正规的教育。在第三年，他报名选学了一门数学课。老师深刻而生动的讲授，使伽罗瓦对数学产生了浓厚的兴趣，他很快就完成了规定的课业，并开始拜读数学大师的著作。

由于伽罗瓦能领会和掌握大师们的数学思维，因此他的思路变得很开阔，思维能力也得到了训练和提高。他的中学数学老师理查曾评价说："伽罗瓦只宜在数学的尖端领域工作。"

1829年3月，还是中学生的伽罗瓦在《纯粹与应用数学年报》上发表了他的的第一篇论文——《周期连分数的一个定理的证明》。

7月2日，伽罗瓦的父亲由于无法承受牧师的攻击和诽谤而自杀了。这给伽罗瓦带来了很大的影响，他的思想开始倾向于共和主义。

同年10月25日，伽罗瓦被巴黎高等师范学校录取为预备生。

■ 巨星陨落

伽罗瓦诞生在拿破仑帝国时代，经历了波旁王朝的复辟时期，又赶上路易·菲利普朝代初期，法国激烈的政治斗争吸引了年轻热情的伽罗瓦。他加入了当时最先进的革命政党——共和党，反对学校的苛刻校规，抨击校长在七月政变中的两面行为，以至于在1830年2月被校方开除。

第二年 6 月，伽罗瓦以"企图暗杀国王"的罪名被捕。由于警方没有证据，不久伽罗瓦便被释放。7 月，被反动王朝视为"危险分子"的伽罗瓦再次被捕。他在狱中曾遭暗枪射击，幸未击中。1831 年 4 月伽罗瓦被释放出狱。出狱后不久，1831 年 5 月 29 日，年轻气盛的伽罗瓦为了所谓的"爱情与荣誉"，又卷进了一场决斗之中。

伽罗瓦自己心里非常清楚，对手的枪法很准，自己获胜的希望很渺茫，甚至很可能会因此而丢掉性命。他问自己，如何度过这最后的夜晚？在这之前，他曾写过两篇数学论文，但都被权威轻蔑地拒绝了：一次是被伟大的数学家柯西；另一次是被神圣的法兰西科学院，但他坚信他头脑中的东西是有价值的。

于是整个晚上，伽罗瓦都在写他在科学上的遗言，他要在死亡之前尽可能快地写，把他丰富的思想中那些伟大的东西尽量写出来。他不时中断，在纸边空白处写上"我没有时间，我没有时间"，然后又接着写下一个极其潦草的大纲。他在天亮之前那最后几个小时写出的东西，为一个折磨了数学家们几个世纪的问题找到了真正的答案，并且开创了数学领域一个极为重要的分支。

伽罗瓦对自己的成果充满自信。他在信中对朋友说："你可以公开请求雅可比或者高斯，不是让他们来判定这些定理的真实性，而是请他们对于其重要性发表意见。在这以后，我希望有一些人将会发现，把这些东西注释出来，这对他们是有益的。"

▲ 决斗中的伽罗瓦

第二天上午，在决斗场上，伽罗瓦被对手精准的枪法打中。

临死之前，伽罗瓦对在他身边哭泣的弟弟说："不要哭，我需要足够的勇气在 20 岁的时候死去。"

伽罗瓦被埋葬在公墓的普通壕沟内，今天他的坟墓已无踪迹可寻。但那两篇被拒绝的论文和他在死前那个不眠之夜写下的潦草手稿成为了他不朽的纪念碑。

历史学家们曾争论过这场决斗是一个悲惨的爱情事件的结局，还是出于政治动机造成的事端，但无论是哪一种，一位世界上杰出的数学家在他 20 岁时被杀死了，他研究数学只有 5 年，他的死使数学的发展被推迟了几十年，这无疑是最令世人感到痛心和遗憾的。

诺贝尔——九死一生的『炸药大王』

箴言

金钱这种东西，只要能解决个人的生活就行，若是过多了，它会成为遏制人类才能的祸害。我的理想是为人类过上更幸福的生活而发挥自己的作用。

诺贝尔（Alfred Bernhard Nobel，1833—1896），瑞典著名化学家、硝化甘油炸药发明人、诺贝尔奖创立者。他一生致力于炸药的研究，在硝化甘油炸药的研究方面取得了重大成就。他一生共获得技术发明专利355项，并在欧美等五大洲20个国家开设了约100家公司和工厂，积累了巨额财富。他在身后留下遗嘱，把自己的遗产全部捐献给科学事业，用以鼓励后人向科学的高峰努力攀登。今天，以他的名字命名的科学奖，已经成为举世瞩目的最高科学大奖。

■ 艰难的成才之路

诺贝尔出生于瑞典的首都斯德哥尔摩，他从小就体弱多病，不能和小伙伴们一起玩儿，所以朋友很少，渐渐地，他的性格变得很孤僻。

生活的艰难使诺贝尔到了8岁才上学，但只上了一年，这也是他所受过的唯一一次正规的学校教育。10岁那年，诺贝尔举家迁居到俄国。15岁时，因家庭经济困难，付不起家庭老师的学费，诺贝尔只好停止学业，到工厂去做工。

■ 勇敢者的事业

在工厂里，诺贝尔目睹了劳工开山凿矿、修筑公路和铁路，都是用手工进行的，体力劳动强度大，效率低。年轻的诺贝尔想：要是有一种威力很大的东西，一下子能劈开山岭，减轻工人们繁重的体力劳动那该多好啊！于是他开始着手研究起来。

起先，他和父亲、弟弟一起发明了"诺贝尔爆发油"。他们带着这种样品来到欧洲，打算继续研究。可人们都认为这很"危险"，没有人愿意出资合作。后来，法国皇帝拿破仑三世路易·波拿巴出钱为他们办了一间实验所，他们父子这才得到了新的实验机会。

然而，世事难料，在一次实验中不幸发生了意外，实验室和工厂全部被炸毁，还炸死了5个人。诺贝尔的弟弟当场死亡，父亲也被炸成重伤，从此半身不遂，再也不能陪伴诺贝尔参加实验了。在这种沉重的打击下，诺贝尔并未灰心丧气，他把个人的生死置之度外，仍然继续着他的研究。为了避免伤害周围的人，在朋友的资助下，他租了一艘大船在梅拉伦湖上进行实验。经过了几百次艰苦而又危险的实验，就在硅藻甘炸药试爆的最后一次，他亲自点燃导火剂，仔细观察各种变化，当炸药爆炸发出巨响之后，人们都认为诺贝尔这次死定了。可是，满身鲜血的诺贝尔顽强地从弥漫的烟雾中爬起来，他忘掉了疼痛，振臂高呼："我成功了！我成功了！"

1876年的秋天，诺贝尔成功地研制出了硅藻甘油炸药。之后，诺贝尔又经过了13年的潜心研究，终于在1880年发明出了无烟炸药——三硝基甲苯（又名TNT），对工业、交通运输业做出了巨大的贡献！

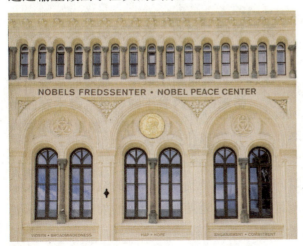

■ 流芳百世的遗愿

诺贝尔是一位名副其实的亿万富翁，他的财产累计达30亿瑞典币。但是与许多富豪截然不同的是，他认为：金钱这东西，只要能解决个人的生活就行，若是多了，它会成为遏制人类才能的祸害。

诺贝尔立下了遗嘱："请将我的财产变作基金，每年用这个基金的利息作为奖金，奖励那些在前一年为人类做出卓越贡献的人。"

诺贝尔在遗嘱中还写道："把奖金分为5份：一、奖给在物理学方面有最重要发现或发明的人；二、奖给在化学方面有最重要发现或新改进的人；三、奖给在生理学和医学方面有最重要发现的人；四、奖给在文学方面表现出了理想主义的倾向并有最优秀作品的人；五、奖给为国与国之间的友好、废除使用武力而做出卓越贡献的人。"

根据他的遗嘱，1901年，具有国际性的"诺贝尔奖"创立了。诺贝尔奖分设了5个奖项。1969年，新设立了第六个奖项——诺贝尔经济学奖。

为了纪念这位伟大的发明家，从1901年开始，每年的12月10日（即诺贝尔去世的那天）颁发诺贝尔奖。

建于斯德哥尔摩市区布劳西半岛上的诺贝尔奖中心，旨在让人们全方位地了解诺贝尔奖，并希望能够在激发青少年的求知欲和探索精神方面起到重要的作用

伦琴——X 射线的发现者

我喜欢离开人们通行的小路，而走荆棘丛生的崎岖山路。

▲ X 射线的发现者伦琴

伦琴（Wilhelm Conrad Roentgen，1845—1923），德国实验物理学家，第一位诺贝尔物理奖的获得者，原子时代的先驱者之一。他发现 X 射线，开创了人类探索物质世界的新纪元，揭开了 20 世纪物理学革命的序幕，成为 20 世纪最伟大的物理学家之一，也因此而获得首届诺贝尔物理学奖。X 射线对人类的贡献很大，人们为纪念它的发现者伦琴，又把 X 射线叫做"伦琴射线"。

■ 轰动国际学术界的新闻

1895 年 12 月 28 日，伦琴向维尔茨堡物理学医学协会宣布他发现了 X 射线，并作了报告，报告的题目为《一种新的射线——初步报告》，报告中指出了这种射线具有直线传播、穿透力强、不随磁场偏转等性质。

伦琴的这一发现一公布，立即引起了强烈的反响：1896 年 1 月 4 日柏林物理学会成立 50 周年纪念展览会上展出 X 射线照片；1 月 5 日维也纳《新闻报》抢先作了关于 X 射线的报道；1 月 6 日伦敦《每日纪事》向全世界发布消息，宣告发现了 X 射线。

X 射线作为 19 世纪与 20 世纪之交的三大发现之一，引起了学术界极大的研究热情。据统计，仅在 1896 年这一年，世界各国发表的有关论文就有 1000 多篇，有关的小册子达 50 余种。

■ "我的发现属于所有人"

1895 年 12 月 28 日，维尔茨堡大学城的医生、学者、工程师、企业主、记者、摄影师和艺术家们都应邀而来聚集在学校的一间教室里，教室的过道里、窗台上也都挤满了大学生。他们都在焦急地等待伦琴作关于他发现神秘的 X 光射线的报告，这俨然是在等一件爆炸性的重要新闻。

时间一到，伦琴就开始了他的演讲。他向大家介绍他是如何成功地发现了神秘的射线，并表示要当场演示这一发现过程。

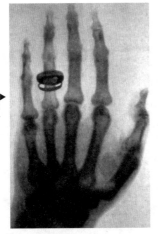

伦琴射线透视的手

"……现在我请凯利凯尔教授到工作台前来！"

著名的解剖学家站起身来，好不容易才挤到了前面。

"请把您的右手放到感光板上。"伦琴镇定自若地说道。

教授的手遮住了暗匣，暗匣里有一块感光板。工程师瓦格涅尔将四周的光遮住，于是伦琴开始重复他两周以前在普留斯米奴斯身上做过的试验。

当瓦格涅尔将显影后的感光板拿来之后，伦琴立刻毫不迟疑地将它展示给大家看。经过几分钟的沉寂，现场的人们才从震惊之中清醒过来，兴奋得手舞足蹈。

这时，凯利凯尔教授转过身来，面对欢呼的人群，说道：

"先生们！在这张照片上，你们看到了我这只手的骨骼图像。本人有生以来，还从未见过这种奇迹。请允许我向你们建议：今后就将 X 射线命名为'伦琴射线'，以此来表示对科学家威廉·康拉德·伦琴教授这一伟大发现的由衷谢意！"

伦琴想要表示反对，然而他的话被淹没在欢呼的声浪之中。

没有一个人愿离席而去，伦琴不得不回答大家所提出的各种问题。

"我知道，先生们！"他笑着回答道，"我知道，我会因此而发财致富，但是，我并不准备拍卖这一发现。"

"这我可就不懂了，"一位企业家困惑不解地直摇头说，"为什么您不想以此来赚钱呢？我出 50 万！"

"哪怕是 1000 万！"伦琴淡然一笑，接着说道，"我的发现是属于所有人的。但愿我的这一发现能被全世界科学家所利用，这样，它就会更好地服务于全人类……"

伦琴在维尔茨堡大学发现 X 射线的实验室

爱迪生——发明大王

箴言

如果你希望成功，就以恒心为良友，以经验为参谋，以谨慎为兄弟吧！

爱迪生（Thomas Edison, 1847—1931），举世闻名的美国电学家和发明家，他除了在留声机、电灯、电报、有声电影、投票计数器、蓄电池、打字机、发电机、磁铁矿分离机、压力表等方面作出了杰出发明和贡献以外，在矿业、建筑业、化工等领域也颇有建树。爱迪生一生共有大约 2000 项创造发明，为人类的文明和进步做出了巨大的贡献。

▲ 爱迪生与他早期发明的留声机

■ 甘心为科学百折不挠

爱迪生小时候就在自己家的地窖里储存了几百个实验用的瓶子，建起了一个小实验室。他把平时节省下来的钱都用来购买化学用品和化学仪器，但他知道光靠这点钱是远远不能满足实验所需要的，于是他就到火车上卖报纸。

爱迪生每天清晨上车，晚上 9 点以后才回家，做完实验往往已是深夜了。后来他发现火车行李车厢中有一间未被使用的吸烟室，于是就把家中的实验室搬到了火车上。

一次，火车的晃动使行李滑了下来，把爱迪生实验用的一支磷杆碰到地上，引起了火灾。虽然火被及时扑灭了，可车长还是愤怒得打了爱迪生一巴掌，这一巴掌打聋了爱迪生的耳朵，车长还把爱迪生的实验器材统统踢到车下，再也不准他在车上卖报纸了。

然而，困难和挫折并没有动摇爱迪生的决心，他回到家后又继续做实验。实验的过程是危险的，遭电击、衣服被烧毁是常有的事。甚至有一次，爱迪生的脸都被硝酸烧得不成样子。

即使是这样，爱迪生也从未想过放弃，他百折不挠的精神终于成就了他日后的发明创造。

科技与科学巨子 用知识撬动地球

■ 真正的原谅——用行动表明

有一次，爱迪生和他的助手们辛苦工作了一天一夜，制作出了一个电灯泡，爱迪生让一名年轻学徒将这个灯泡拿到楼上的另一个实验室。这名学徒生怕手里的这个新玩意儿滑落，心里十分紧张，但他越是这样想，手就越哆嗦，当走到楼梯顶端时，还是把灯泡掉在了地上。这名学徒自责的很，可是爱迪生并没有责备他。

过了几天，爱迪生和助手们又用一天一夜的时间制作出一个电灯泡。做完后，还得有人把灯泡送到楼上去。爱迪生连考虑都没考虑，就将灯泡交给了那名上次将灯泡掉在地上的学徒。这一次，这个学徒安安稳稳地把灯泡拿到了楼上。

事后，有人问爱迪生："原谅他就够了，何必再把灯泡交给他拿呢？万一又摔在地上怎么办呢？"

爱迪生回答道："原谅不是光靠嘴巴说说的，而是要靠行动去做的。"

爱迪生发明的电灯

■ 令人敬佩的"妖魔"

1877 年秋天的一个早晨，在纽约一家杂志编辑部办公室，爱迪生带去了一架会说话的"怪物"。这个"怪物"上面有一根长长的金属杆，一端有一个大大的轮子，另一端有个小把手。爱迪生摇转把手，把一小张锡纸裹上圆筒，再装上一根小针，然后，对着圆筒唱了一句婴儿催眠曲。动作完毕，机器又重新转动起来，它竟一字不漏地把催眠歌重新唱了出来。所有在场的人都惊呆了！

很快，各家报社的新闻记者象潮水般涌来，都争着要看一看这个世界上最新奇的机器"怪物"——留声机，甚至连铁路公司都特别开通了专车去参观。

人们在赞叹之余，都称发明者爱迪生是个"妖魔"。其实，"妖魔"这个雅号远不是从他发明了留声机才有的，而是伴随了他的一生，因为他的发明创造实在太多了。据不完全统计，从 1869~1910 年，爱迪生共获得了 1328 种发明专利，如此算来，每 11 天他就有一项发明问世，他被人们称为"妖魔"也就理所当然了。

可是，这个"妖魔"的"魔力"究竟是从何而来的呢？正如他自己所说："一分灵感，九十九分汗水。"顽强的毅力、惊人的勤奋，正是他真正的"魔力"所在。

贝尔——电话之父

箴言

创新有时需要离开常走的大道，潜入森林，你就肯定会发现前所未有的东西。

贝尔（Alexander Graham Bell，1847—1922），美国发明家，发明了用电来传输声音的装置，即最早的电话，并获得电话专利权。

电话之父贝尔

■ 电话的诞生

贝尔年轻时跟随父亲从事聋哑人的教学工作，他曾想制造一种让聋哑人能用眼睛看到声音的机器。1873 年，贝尔成为了美国波士顿大学的教授，他开始研究在同一线路上传送许多电报的装置——多工电报机，并萌发了利用电流把人的说话声传向远方的念头，这样可以使远隔千山万水的人能像面对面那样交谈。基于这些想法，贝尔开始了电话的研究。

1875 年 6 月 2 日，一个偶然发生的事故启发了贝尔。

当时，贝尔和他的助手华生分别在两个房间里试验多工电报机。华生房间里的电报机上有一个弹簧粘到磁铁上了，华生拉开弹簧时，弹簧发生了振动。与此同时，贝尔惊奇地发现自己房间里电报机上的弹簧颤动起来，而且还发出了声音，这是电流把振动从一个房间传到了另一个房间。

贝尔和他的妻子、女儿们。贝尔的母亲患有重听，他的父亲、祖父、兄弟所从事的工作都与演说术和发声法有关，这一切都深刻影响着贝尔。贝尔本人也是一位声学生理学家和聋哑人语的教师，他的妻子是一位美丽的耳聋姑娘。著名的盲聋作家、社会活动家——海伦·凯勒也曾接受过他的帮助

贝尔顿时思路大开，他由此想到：如果人对着一块铁片说话，声音一定会引起铁片振动；如果在铁片后面放上一块电磁铁的话，铁片的振动势必在电磁铁线圈中产生时大时小的电流。这个波动电流沿电线传向远处，远处的类似装置上不就会发生同样的振动，发出同样的声音吗？这样声音就会沿着电线传到远方去了。这不就是脑海中梦寐以求的电话吗！

贝尔和华生于是按照自己新的设想制成了电话机。

■ 人类首次实现两地通话

通话装置虽然制作成功了，但电话机的制作十分粗陋，而且电流很弱，无法传送较远的距离。为了克服这些缺陷，贝尔继续深入研究。经过贝尔不断地改进电话机的设计和结构，终于制成了可供实用的电话机。1876 年 3 月 7 日，贝尔获得了电话机的专利证书，与此同时，波士顿大学也授予他物理学博士学位。

电话机研制成功的几个月后，费城举行了美国建国 100 周年纪念博览会，贝尔发明的电话机也被送去参展。

在博览会现场，贝尔不仅向参观者介绍了电话机的功能，并亲自进行通话演示，还让参观者拿起听筒当场验证。参观者听到了贝尔从另一个房间里传来的声音后，惊叹不已。英国著名科学家、发明家威廉·汤姆逊在用听筒试验说话后，赞叹道："这是我来美国所见到的事物中最值得惊异的东西。"

于是，贝尔的电话机被博览会主办方移放到了最引人注目的位置，参观者络绎不绝。后来经过评审，贝尔最终获得了发明金奖。

通过这次博览会，贝尔意识到要使电话机在现实中被人们完全接受，就必须提高它的性能，使它成为能真正发挥作用的便捷通信工具。于是他又开始反复改进电话机，使电话机的性能不断得到完善。

1878 年，贝尔的长途电话装置终于研制成功，他与沃特森分别在相距 300 千米的纽约和波士顿试验通话，并分别对观众进行了讲演，还让两地的观众通过电话自由交谈，这使观众的情绪达到了高潮。

波士顿的一家报纸在第二天报道了这个人类历史上第一次长途电话通话的试验，并在评论中赞叹道："这项发明，总有一天可以使长途通信业务完全改观！"

1892 年，贝尔在纽约与芝加哥通电话时的情景

巴甫洛夫——生理学无冕之王

生理学无冕之王巴甫洛夫

巴甫洛夫（Иван Петрович Павлов，1849—1936），俄国生理学家，其贡献主要在三个领域，即心脏生理、消化生理和高级神经活动生理。1904年他以消化生理学方面的成就获得诺贝尔奖。被俄、英、美、法、德等22个国家的科学院选为院士，是28个国家（包括中国）生理学会的名誉会员和11个国家的名誉教授。

箴言

我无论做什么，始终在想着，只要我的精力允许的话，我就要首先为我的祖国服务。

■ 因为兴趣，所以热爱

巴甫洛夫之所以能取得这样的成就，和他有一位开明的父亲是分不开的。当巴甫洛夫打算放弃神学而改学生理学时，父亲并没有因为儿子有违自己的初衷而斥责他。相反，父亲十分尊重他的兴趣与新的选择。

"你在教会学校毕了业再转学吧！"父亲建议说。

"我不能浪费时间了，爸爸，我有很多问题急需知道答案。"巴甫洛夫低声而肯定地回答。

"你急需知道些什么呢？"

"我特别想知道，人体的构造是怎样的。"

"你想当医生，是不是？"

"不是。"巴甫洛夫摇摇头。

"那你为什么要知道人体的构造呢？"

"为了帮助人，为了使人类变得更健康、更幸福。"巴甫洛夫认真地回答。

"你的想法很大胆，那么你觉得你能实现你的理想吗？"父亲关切地问道。

"我已经下定决心了，爸爸，我会尽全力的。"

父亲感受到了儿子的认真和决心，于是微笑着对儿子说："好吧，我祝你成功！"

在父亲的鼓励与支持下，巴甫洛夫更加坚定了自己的人生目标。这成为巴甫洛夫之后不断前行的动力，使他最终成为了科学巨人。同时，这也让更多的孩子体会到：在人生之路上，坚定自己的目标、尊重自己的兴趣是多么重要，因为"热爱才是最好的老师"。

■ 短跑健将

1904 年，巴甫洛夫凭借消化生理学方面的成就获得了诺贝尔奖，他是第一位获诺贝尔奖的生理学家，也是俄国获此奖的第一人。

巴甫洛夫对动物研究十分感兴趣，他想用狗来做实验，但买不到狗，于是他就决定自己捉野狗。

刚一开始的时候，巴甫洛夫捉不到狗，有时候就算捉到的话也是被狗咬得鲜血直流，这让他很困扰。他决定每天练习跑步，慢慢地他越跑越快，终于可以捉到狗了。他每天用狗做实验，坚持了几十年，最终获得了成功，同时也成为了一名短跑健将。

■ 发现条件反射

在成就面前，巴甫洛夫并没有止步不前。1912 年，巴甫洛夫开始了对人体的禁区——大脑的研究。他通过安在狗腮上的唾液腺导管进行观察，揭开了大脑的"秘密"。

不久，巴甫洛夫提出条件反射理论，证明人和高等动物的条件反射，是大脑两半球的皮质所形成的。他对比了人和其他动物高级神经活动的本质区别，在 80 岁高龄时提出了两个信号系统学说，并据此证实了辩证唯物主义的基本原理：物质是第一性的，意识是第二性的，意识是大脑的产物。

在各种科学实验中，动物们起到了很重要的作用，在巴甫洛夫的实验中，狗就成了主角，如今在巴甫洛夫博物馆，就有一只狗的模型，它被人们亲切地称作——巴甫洛夫的狗

柯瓦列夫斯卡娅——数学王国的巾帼英雄

俄罗斯女数学家柯瓦列夫斯卡娅

箴言

说自己知道的话，干自己应干的事，做自己想做的人。

柯瓦列夫斯卡娅（Софья Васильевна Ковалевская，1850—1891），俄国数学家。1888年，因解决刚体绕定点转动的一般情形的问题而获法国科学院的博尔丹奖及瑞典科学院奖金。她的另一重要贡献是继柯西之后研究了偏微分方程解的存在唯一性问题，给出了更一般的结果，现称为"柯西－柯瓦列夫斯卡娅定理"。

■ 征文获奖

1888年，法兰西科学院举行第三次有奖国际征文，悬赏3000法郎，向全世界征集关于刚体绕固定点运动这一问题的论文。

在此之前的几十年内，鉴于该问题的重要性，法兰西科学院曾以同样的奖金进行过两次征文。不少杰出的数学家曾尝试过解答，但都没有取得成功。两次征文的奖金，依然原封不动。为此，法兰西科学院决定第三次征集论文，许多素有盛望的数学家都跃跃欲试。评判的当天，评委们全都大为震惊，因为他们发现有一篇文章在无数平凡的征文之中鹤立鸡群。这是一篇闪烁着智慧光芒的佳作，每一个步骤，每一个结论，都充溢着非凡的才华。鉴于它具有特别高的科学价值，评委们破例决定，把奖金从原来的3000法郎增至5000法郎。

评判结束，获奖的竟是一位俄罗斯女性，她就是数学王国里的巾帼英雄，一位蜚声国际的女数学家——柯瓦列夫斯卡娅。

■ 对数学的渴望

柯瓦列夫斯卡娅从小就对数学有着浓厚的兴趣，但她的父亲对女性有些传统的偏见，反对女儿学习数学，柯瓦列夫斯卡娅只好躲在自己的房间里偷偷地看数学书。后来她的邻居基利托夫教授的物理书引起了柯瓦列夫斯卡娅的注意。在翻看教授的著作时，她发现书中利用到许多三角知识，于是她从画弦开始，自己推导出一系列三角公式，这让教授大为吃惊。在教授的再三说服下，柯瓦列夫斯卡娅的父亲终于同意她前往外地学习微积分和其他数学课程。

■ 坎坷求学路

结婚后，柯瓦列夫斯卡娅来到彼得堡，准备继续她的学业。可是一到那里，美好的幻想随即破灭，当时的俄国大学不招收女生。但柯瓦列夫斯卡娅并没有气馁，她毅然决定前往柏林，因为那里有她所倾慕的学府——柏林大学。但在那个时代，歧视妇女的思想并没有国界，柏林大学也拒绝接纳这位外国女生。于是柯瓦列夫斯卡娅找到了柏林大学的著名数学家维尔斯特拉斯，直接向他说出了自己的请求。教授向柯瓦列夫斯卡娅提出了一个在当时看来相当深奥的椭圆函数问题，这是教授前一刻正在思考的。柯瓦列夫斯卡娅当场作了解答。她精辟的结论、巧妙的构思、非凡的见解都让教授感到深深地震撼，于是教授答应破例收她为自己的私人学生。有了名师的指点，柯瓦列夫斯卡娅如虎添翼，迅速地成长着。

■ 在灿烂中陨落

1873 年，柯瓦列夫斯卡娅连续发表了 3 篇关于偏微分方程的论文。鉴于论文的创造性很强价值很高，1874 年 7 月，格丁根大学破例在无答辩的情况下，授予柯瓦列夫斯卡娅博士学位，那年她才 24 岁。

在 1883 年敖得萨科学大会上，柯瓦列夫斯卡娅以出色的研究成果作了报告。可命运偏偏与她作对，当年春天她的丈夫因破产而自杀。听到这个不幸的消息，柯瓦列夫斯卡娅肝肠寸断。她把自己关在房间里，4 天不吃不喝，到了第 5 天昏迷了过去。但不幸的遭遇并没有打垮她的斗志，第 6 天苏醒过来后她又开始顽强地工作。

1888 年 12 月，法兰西科学院授予柯瓦列夫斯卡娅波士顿奖，以此来表彰她对于刚体运动的杰出研究。1889 年，瑞典科学院也向柯瓦列夫斯卡娅授奖。同年 11 月考虑到这位女数学家的巨大功绩，和以车比雪夫为首的一批数学家的坚决请求，俄国科学院终于放弃了"女人不能当院士"的旧规，授予她彼得堡科学院院士。

1891 年初，柯瓦列夫斯卡娅在从法国返回斯德哥尔摩的途中病倒。由于医生的误诊，病魔无情地夺去了她年仅 42 岁的鲜活生命。

居里夫人——两次摘冠的女科学家

1903 年居里夫人首次获得诺贝尔奖时的照片，由瑞典诺贝尔基金会拍摄

居里夫人（Marie Curie, 1867—1934），法国籍波兰女科学家，研究放射性现象，发现镭和钋两种放射性元素，曾在仅隔 8 年的时间内两次摘取了不同学科的最高科学桂冠——诺贝尔物理学奖与诺贝尔化学奖，一生中获得了不计其数的科学殊荣。

■ 专心学习的小姑娘

波兰有个叫玛妮雅的小姑娘，学习非常专心。不管周围怎么吵闹，都分散不了她的注意力。

一次玛妮雅在做功课，她的姐姐和同学们在她面前唱歌、跳舞、做游戏。玛妮雅就像没看见一样，在一旁仍专心地看书。

姐姐和同学们想试探她一下。她们悄悄地在玛妮雅后面搭起几张凳子，只要玛妮雅一动，凳子就会倒下来。时间一分一秒地过去了，当玛妮雅把一整本书都读完了，凳子仍然一动不动地竖在那儿。

姐姐和同学们见此都很羞愧。从那以后，她们再也不逗玛妮雅了，并开始像玛妮雅一样专心读书，认真学习。

玛妮雅长大以后，成为了一名伟大的科学家，她就是我们所熟悉的居里夫人。

■ 勤学苦读

1891 年，在姐姐和父亲的帮助下，玛妮雅实现了到巴黎求学的愿望。

1893 年，玛妮雅以第一名的成绩从巴黎大学物理系毕业，第二年又以第二名的成绩毕业于该校的数学系。

在大学里，玛妮雅结识了皮埃尔·居里，后来两人结婚，玛妮雅便成了居里夫人。

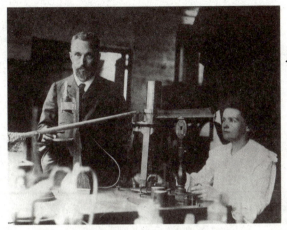

1906 年居里夫妇一起在实验室里做实验

12 月得到了少量的不是很纯净的白色粉末。这种白色粉末在黑暗中闪烁着白光，于是居里夫妇把它命名为镭。

由于居里夫妇的惊人发现，1903 年 12 月，他们和发现铀岩释放射线的贝克勒尔一起获得了当年的诺贝尔物理学奖。

■ 忘我工作

1897 年，居里夫人开始了对自己的研究课题放射性物质的研究。居里夫人注意到从铀矿中萃取铀之后剩余的残渣比纯铀更具放射性。于是居里夫妇废寝忘食、夜以继日地按照化学分析的程序，分析矿石中所含有的各种元素及其放射性，逐渐知道那种制造反常放射性的未知元素隐藏在矿石的两个部分里。

经过居里夫妇不懈的努力，1898 年 7 月，他们终于从其中一个部分里寻找到一种新元素，它的化学性质与铅相似，但放射性要比铀强 400 倍。

皮埃尔让玛妮雅给这一新元素取个名字，她想了一会儿，回答说："我们可否称它为'钋'？"

发现钋元素之后，居里夫妇继续对矿石中放射性比纯铀强 900 倍的另一部分进行分析。经过浓缩、结晶，终于在同年

■ 家教艺术

居里夫人把自己一生追求事业、积极进取的精神，影响和延伸到了自己的子女和学生身上，她利用各种机会培养孩子们形成良好的道德品格，让女儿从小养成了勤俭朴素的好习惯，灌输她不贪图荣华富贵的思想。

在丈夫皮埃尔去世以后，居里夫人开始一人担负起抚养孩子的重担。当时她经济拮据，还得补贴一部分给科研工作。有人建议她卖掉与皮埃尔在实验室里分离出的那 1 分克镭，这在当时价值 100 万法郎。居里夫人断然拒绝，她说，不管今后的生活如何困难，也绝不能卖掉科研成果。最后，居里夫人毅然将镭献给了实验室，把它用于研究工作。后来她带着两个女儿赴美国接受总统赠送给她的 1 克镭时，也同样告诫女儿："镭必须属于科学，不属于个人。"

▲ 哥哥威尔伯·莱特

▲ 弟弟奥维尔·莱特

箴言

如果我们能梦想到，我们就能做到。

莱特兄弟（Wilbur Wright，1867—1912；Orville Wright，1871—1948），美国人，人类历史上第一架动力飞机的设计师，被誉为"飞机之父"，为开创现代航空事业做出了不朽的贡献。

莱特兄弟——飞机之父

■ 游戏激发的兴趣

1877 年冬天，一群孩子乘着自制的爬犁从山坡顶端向下滑去。在这群孩子的旁边，有两个男孩眼巴巴地看着爬犁从他们身边滑过，大一点的男孩说："要是我们也有一架爬犁该多好啊！"

另一个孩子撅着嘴说道："谁叫爸爸总不在家呢！"突然，他灵机一动，说道："哥哥，我们自己动手做吧！"哥哥一听，顿时笑了起来，愉快地说道："对呀！我们自己也可以做。走，奥维尔，我们现在就回去做！"于是，两个孩子一蹦一跳地跑下山坡，飞快地向家里跑去。

这兄弟俩就是莱特兄弟，大的叫威尔伯，小的便是奥维尔。兄弟俩决定要做架爬犁，拉到山坡上与同伴比赛。当天晚上，兄弟俩就把这个想法告诉了妈妈。妈妈听了，便说："干什么事情都得有个计划，咱们首先得画一个图样，然后再做！"

兄弟俩觉得妈妈说的很有道理，于是就开始同妈妈一起设计图样。妈妈首先量了兄弟俩身体的尺寸，然后画出一个很矮的爬犁。

"妈妈，别人家的爬犁很高，为什么你画的爬犁这么矮？这能行吗？"弟弟奥维尔不解地问。

"孩子，要想叫爬犁跑得快，就得制成矮矮的，这样可以减少风的阻力，速度也就会快多了。"妈妈温和地解释道。

第二天，莱特兄弟的矮爬犁做成了，兄弟俩便把它推到了小山坡上。

"快来看呀，莱特兄弟扛了一个怪物！"一个男孩大惊小怪地叫道。不一会儿，孩子们都围了上来，指手画脚地议论着这个怪模怪样的东西。莱特兄弟不以为然，并坚定地问道："谁和我们比赛？"

先前跑过来的男孩连忙叫道："我来！我来与你们比赛！"说完，就把自己的爬犁拉了过来。

比赛结果，当然是莱特兄弟获胜。孩子们再也不嘲弄这个爬犁了，反而都围过来左瞧右看。莱特兄弟非常高兴，带着胜利的喜悦回家去了。

■ 从玩具到梦想

圣诞节到了，莱特兄弟的爸爸从外地回来了。圣诞节早晨，爸爸送了一个礼物给兄弟俩，他们迫不急待地打开一看，是一个不知名的玩具，样子很奇怪。

爸爸告诉他们，这是飞螺旋，能在空中高高地飞。"鸟才能飞呢！它怎么也会飞？"威尔伯有点怀疑。

爸爸笑了笑，然后当场做了示范。只见他先把上面的橡皮筋扭好，一松手，飞螺旋就发出"呜呜"的声音，向空中高高地飞去。兄弟俩这才相信，除了鸟、蝴蝶之外，人工制造的东西也可以飞上天。于是，好奇的兄弟俩便把它拆开，想研究一下它为什么能飞上天去。

飞螺旋飞上天空的那一瞬间，莱特兄弟幼小的心灵萌发了一个小小的梦想，那就是将来一定制造出一种能飞上蓝天的东西。这个梦想一直影响着他们，激励着他们，催促着他们向前进。

1900 年 10 月，莱特兄弟终于制成了第一架滑翔机。

■ 试飞成功

1903 年 12 月 17 日，在美国北卡罗来纳州基蒂霍克海边的一片空地上，莱特兄弟设计制造的"飞行者"号飞机准备当众试飞。

10 时 35 分，试飞开始了。

弟弟奥维尔坐在飞机的座椅上，哥哥威尔伯启动了发动机，随着一阵震耳欲聋的轰鸣声，飞机开始离开轨道飞向空中。

在场的人都把心提到了嗓子眼。12 秒钟过去了，"飞行者"号在 35 米外的地方摇摇晃晃地着陆了。

虽然这次试飞的滞空时间很短，飞行高度很低，飞行距离很短，但它却是人类第一次实现机器动力飞行。这次试飞的成功，预示着动力飞行时代的到来。

1903 年 12 月 17 日莱特兄弟划时代的一飞

爱因斯坦——相对论之父

谁要是不再有好奇心也不再有惊讶的感觉，谁就无异于行尸走肉，其眼睛是迷糊不清的。

爱因斯坦（Albert Einstein，1879—1955），美籍德裔物理学家，分别于 1905 年和 1915 年提出了狭义相对论和广义相对论，重新诠释了物理学的基本概念，修正了牛顿力学，取代了传统的万有引力理论，使物理理论的预测更为精确。爱因斯坦和牛顿被称为是"物理学史上的巨人"。

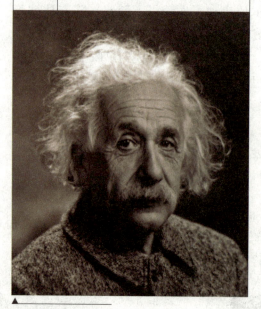

1947 年时的爱因斯坦

■ 第三只凳子

1879 年 3 月 14 日，一个小生命降生在了德国一个叫乌尔姆的小城。父母为他起名叫阿尔伯特·爱因斯坦，对他寄予了全部的期望。然而，没过多久，父母就开始失望了：人家的孩子都会说话了，已经 3 岁的爱因斯坦才"咿呀"学语。后来，爱因斯坦的妹妹——比他小两岁的玛伽已经能和邻居交谈了，爱因斯坦说起话来却还是支支吾吾，前言不搭后语……

看着举止迟钝的爱因斯坦，父母开始担心他的智力是否会不及常人。直到 10 岁时，父母才把他送去上学。在学校里，爱因斯坦受到了老师和同学们的嘲笑。学校要求学生上下课都按军事口令进行，由于爱因斯坦的反应迟钝，经常被老师呵斥、罚站。

一次工艺课上，老师从学生的作品中挑出一张做得很不像样的木凳对大家说："我想，世界上也许不会再有比这更糟糕的凳子了！"在哄堂大笑中，爱因斯坦红着脸站起来说："我想，这种凳子是有的！"说着，他从课桌里拿出两个更不像样的凳子，接着说："这是我前两次做的，交给您的是第三次做的，虽然还不行，却比这两个强得多！"

一口气讲了这么多话，爱因斯坦自己也感到很吃惊。老师更是目瞪口呆，坐在那里不知说什么好。

1940年10月1日，爱因斯坦接受法官菲利普福尔曼授予他的作为美国公民身份的证书

■ 自己做自己的镜子

16岁那年，爱因斯坦整天和一群调皮贪玩的孩子在一起玩，致使自己几门功课都不及格。一个周末的早上，爱因斯坦正拿着钓鱼竿准备和那群孩子一起去钓鱼。这时，父亲拦住了他，心平气和地对他说："爱因斯坦，你整日贪玩，功课不及格，我和你的母亲很为你的前途担忧。"

"有什么可担忧的，杰克和罗伯特他们也没及格，不照样也去钓鱼吗？"

"孩子，话可不能这样说。"父亲充满关爱地望着爱因斯坦说，"在我们故乡流传着这样一个寓言，我希望你能认真地听一听。

"说有两只猫在屋顶上玩耍，一不小心，一只猫抱着另一只猫掉到了烟囱里。当两只猫从烟囱里爬出来时，一只猫的脸上沾满了烟灰，而另一只猫的脸上却干干净净。干净的猫看见满脸黑灰的猫，以为自己的脸也又脏又丑，便快步跑到

爱因斯坦纪念邮票

河边洗了脸。而黑脸猫看见那只干净猫的脸，以为自己的脸也是干净的，就径直跑到了别处。结果，吓得其他的猫都四下躲避，以为见到了妖怪。

"爱因斯坦，谁也不能成为你的镜子，只有自己才是自己的镜子。拿别人做自己的镜子，天才也许会照成傻瓜。"

爱因斯坦听后，羞愧地放下鱼竿，回到了自己的小屋里。从此，爱因斯坦便时常用这个故事反省和鞭策自己。

弗莱明——青霉素的发现者

箴言

不要等待运气降临，应该去努力掌握知识。

弗莱明（Alexander Fleming，1881—1955），英国细菌学家，青霉素的发现者，并因此而获得诺贝尔生理学和医学奖。

发现了青霉素的弗莱明 ▶

■ 举世无双的报酬

一天，一位贫苦农夫正在田里干活。忽然，附近沼泽地里传来呼救声。农夫赶忙放下手中的农具，奔向沼泽地。只见一个小孩正在泥潭中挣扎，淤泥已没到他的腰部，农夫奋不顾身地救起了这个小孩。

第二天，一辆豪华小汽车停在了这个农夫劳作的田边，一位风度优雅的英国贵族下车后，自我介绍说是被救小孩的父亲，他是亲自前来致谢的。

贵族说："我想用一笔酬金来报答你，因为你救了我孩子的命。"

农夫回答说："我不要报答，我不能因为做了一点事情就接受酬金。这是我应该做的。"

这时候，农夫的儿子刚好走进家门。

"这是你的儿子吗？"贵族问道。

"是的。"农夫回答说。

贵族说："我有一个想法，让我把你儿子带走，我会给他提供最好的教育。如果他像他的父亲，那么他一定能成为令你骄傲的男子汉。"

农夫答应了。

时光飞逝，农夫的儿子从医学院毕业后，成为享誉世界的医生。数年以后，贵族的儿子因肺炎病倒了，经过注射青霉素，他的身体得到了痊愈。

那个英国贵族名叫伦道夫·丘吉尔，他的儿子便是在二战期间担任英国首相并领导英国人民战胜了纳粹德国的温斯顿·丘吉尔。而农夫的儿子就是青霉素的发现者亚历山大·弗莱明。

■ 偶然成就的"青霉素"

1922 年的一天，弗莱明正在做实验，可是鼻子痒得很，影响了他的工作。他想：也许是鼻涕在作怪。于是他别出心裁地挖出一些鼻涕，掺在培养的细菌里。两个星期后的一天，他照例清理那些散乱的培养液。突然，他发现在一个培养碟里，有些地方出现一大片黄，而有些地方则空白一片。经考察，空白之处正是他涂过鼻涕的地方。"鼻涕中一定含有阻止细菌生长的东西！"弗莱明心想。

这一发现使弗莱明兴奋无比，接着他把同样的细菌放在装有肉汤的试管中培养，肉汤上也长出同样黄色的细菌。他加入少许鼻涕，没过几分钟，肉汤竟然变清了，细菌被消灭了。他用眼泪代替鼻涕，也产生了相同的效果。

经过多次实验，他发现，人体除了鼻涕、眼泪外，许多分泌物都可以溶解甚至消灭某些细菌。这种物质在体内产生，溶解消灭细菌的同时，对人体没有任何伤害。他称这种物质为"溶菌酶"。

1928 年，在弗莱明外出休假的两个星期里，一只未经刷洗的废弃的培养皿中长出了一种神奇的霉菌。他观察到了这种霉菌的抗菌作用——细菌覆盖了器皿中没有沾染这种霉菌的所有部位。这次的细菌是葡萄球菌，这是一种严重的、有时甚至可以致命的感染源。后经证实，这种霉菌液还能够阻碍其他多种病毒性细菌的生长，且对人和动物都无毒害作用。

弗莱明终于找到了他的同行们一直在寻找的物质。由于这种霉菌外表看起来像毛刷，弗莱明就称之为"盘尼西林"（Penicllin），意为"有细毛的东西"。由于它是由青霉菌产生出来的，故又称之为"青霉素"。弗莱明兴奋地宣布："这是一种无害的物质……它使我相信总有一天它会成为一种治疗剂。"

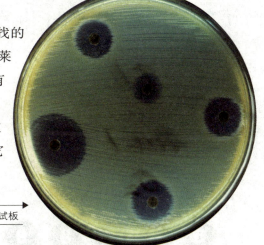

金黄色葡萄球菌 — 抗生素测试板

维纳——控制论之父

箴言

花最少的精力，而可能获得最大的成功，只可能是那些未开垦的处女地。

诺伯特·维纳（Norbert Wiener，1894—1964），美国数学家，控制论的创始人，最早为美国数学赢得国际荣誉的大数学家。在其50年的科学生涯中，先后涉足哲学、数学、物理学和工程学，最后转向生物学，并且在各个领域中都取得了丰硕的成果，称得上是恩格斯颂扬过的、20世纪多才多艺和学识渊博的科学巨人。其主要成果有8个方面：建立维纳测度、引进巴拿赫—维纳空间、位势理论、发展调和分析、发现维纳—霍普夫方法、提出维纳滤波理论、开创维纳信息论、创立控制论。

■ 数字造就的神奇

维纳从小就智力超群，3岁时就能读写，14岁时就已经大学毕业了。几年后，他又通过了博士论文答辩，成为美国哈佛大学的科学博士。在博士学位的授予仪式上，执行主席看到一脸稚气的维纳，颇为惊讶，于是就当面询问他的年龄。

维纳回答说："我今年岁数的立方是个4位数，岁数的4次方是个6位数，这两个数，刚好把10个数字0、1、2、3、4、5、6、7、8、9全都用上了，不重不漏。这意味着全体数字都要向我俯首称臣，预示我将来在数学领域里一定能干出一番惊天动地的大事业。"维纳此言一出，四座皆惊，大家都被他的这道妙题深深地吸引住了。随后，整个会场上的人，都在议论他的年龄问题。

这个年仅18岁的少年博士，后来果然成就了一番大事业，成为信息论的先驱者和控制论的奠基人。

几个数字就能创造一个神奇

■ 硕果累累

在维纳 50 年的科学生涯中，先后涉足哲学、数学、物理学和工程学，最后转向生物学，在各个领域中都取得了丰硕成果。

建立维纳测度：维纳是第一个从数学上深入地研究布朗运动的数学家，他的工作对于概率是极富成效的，不仅给老问题注入了新生命，更重要的是开辟了崭新的研究领域，揭示了概率论和其他数学分支之间引人注目的联系。维纳的这项研究可以说是现代概率论的开创性工作。现在把定义在连续函数空间的一种描述布朗运动的测度称为"维纳测度"，关于这个测度的积分称为"维纳积分"。后来，日本数学家伊藤清在此基础上发展了随机积分论。

发现维纳—霍普夫方法：1930 年前后，维纳与天文学家霍普夫合作，共同研究一类给定在半无穷区间上的带差核的奇异积分方程。此类方程现在被称为"维纳—霍普夫方程"。维纳推广了霍普夫关于辐射平衡态的研究，并于 1931 年得出其求解的方法。其基本思想是通过积分变换，将原方程化为一个泛函方程，然后再用函数因子分解的方法来求解，因此维纳—霍普夫方法又称"因子分解法"，它已成为研究各种数学、物理问题的一种常用方法。

开创维纳信息论：维纳是信息论的创始人之一，他从带直流电流或者至少可看做直流电流的电路出发来研究信息论，将统计方法引入通信工程，奠定了信息论的理论基础。维纳把消息看做可测事件的时间序列，把通信看做统计问题，在数学上作为平稳随机过程及其变换来研究。

创立控制论：维纳创立的控制论，是一门以数学为纽带，把研究自动调节、通信工程、计算机和计算技术以及生物科学中的神经生理学和病理学等学科共同关心的共性问题联系起来而形成的边缘学科。

1947 年 10 月，维纳写出划时代的著作《控制论》，1948 年出版后，立即风行世界。它揭示了机器中的通信和控制机能与人的神经、感觉机能的共同规律；为现代科学技术研究提供了崭新的科学方法；它从多方面突破了传统思想的束缚，有力地促进了现代科学思维方式和当代哲学观念的一系列变革。

泡利——"上帝的鞭子"

比上帝还挑剔的人——泡利

泡利（Wolfgang Pauli，1900—1958），美籍奥地利理论物理学家，20世纪初一位罕见的天才，对相对论及量子力学都有杰出贡献。19岁（1919年）时就写了一篇关于广义相对论理论和实验结果的总结性论文，当时距爱因斯坦发表"广义相对论"（1916年）才3年，他这么年轻却有如此独到的见解，所以震惊了整个物理学界，从此一举成名。1925年他发现"泡利不相容原理"（Exclusion Principle），对原子结构的建立与对微观世界的认识有革命性的影响，因而获得1945年诺贝尔物理学奖。

箴言

任何一个人看到这样成熟和富于想象力的著作，都不能相信作者（泡利）只是个21岁的学生。——爱因斯坦

■ 不同凡响的才华

上中学时，泡利就对当时鲜为人知的爱因斯坦的广义相对论产生了浓厚的兴趣，经常埋首研读。

1918年中学毕业后，泡利成为慕尼黑大学索末菲教授的研究生。他的物理老师——著名的索末菲教授请他为德国正准备出版的《百科全书》写一篇关于相对论的文章，泡利居然完成了一部250页的专题论著，这使教授大为惊讶。

后来，爱因斯坦看过泡利的论著后说："任何一个人看到这样成熟和富于想象力的著作，都不能相信作者只是个21岁的学生。"

1925年春，从汉堡大学传出一个令世界物理学界瞩目的消息：一个新的物理学原理——不相容原理诞生了。它的提出者正是当时在这个大学任教的、尚名不见经传的年轻学者——25岁的泡利。

泡利的不相容原理可以这样表述：一个原子中，任何两个轨道电子的4个量子数不能完全相同。

■ 破"云"而出的不相容原理

1900年，德国物理学家普朗克提出了"能量子"的概念，标志着一个与经典物理学完全不同的领域——量子力学的诞生，这是人类对自然万物认识水平的深化，同时也激化

了新兴学科与传统观念、原理之间的尖锐矛盾，而这一矛盾最为突出的表现就是围绕"以太"存在与否的问题论争。"以太"是当时物理学对构成物质世界最小单位的称呼。在经典物理学家看来，"以太"是不可再分的，而却有着连续变化的特性，自然界的一切变化都是"以太"的特殊形态。然而，这一传统观念却被在科学实验中取得的一系列不连续现象所打破。这一情景被当时的人们称为围绕在经典物理学上空的"第一朵乌云"。

起初，泡利也一度在经典物理学这一困境面前一筹莫展。然而，泡利很快从困惑中振作了起来。他很快意识到，困境的出现并非是人类认识能力衰竭的表现，而是意味着另一个新的认识道路即将出现，在这历史性的时刻，是做开路先锋，还是坐享其成、拾人牙慧呢？泡利毫不犹豫地选择了前者。围绕构成自然界的粒子理论，他率先选取了"反常塞曼效应"作为研究的切入点。而这一研究，最终促成了他一生最卓越的发现——不相容原理。

■ 比上帝还挑剔的人

泡利以严谨、博学而著称，同时也以尖刻和挑剔而闻名。据说在一次国际会议上泡利见到了爱因斯坦。爱因斯坦演讲完后，泡利站起来说："我觉得爱因斯坦不完全是愚蠢的。"

又有一次，在后来发现反质子的意大利物理学家塞格雷做完一个报告正要离开会议室时，泡利对他说："我从来没有听过像你这么糟糕的报告。"当时塞格雷一言未发。

泡利想了想，又回过头对与他们同行的瑞士物理化学家布瑞斯彻说："如果是你做报告的话，情况会更加糟糕。当然，你上次在苏黎世的开幕式报告除外。"

泡利的这种刻薄的挑剔被著名丹麦物理学家玻尔称为"物理学的良知"，也被一些科学家称为"上帝的鞭子"。他最著名的评价是：不只不正确，甚至连错误都算不上！

◀ 1954年，在瑞典新物理学院落成典礼上，泡利和著名丹麦物理学家玻尔演示"神奇的陀螺"旋转时出现的有趣现象

科罗廖夫——世界载人航天的开路人

把卫星送上天的"囚犯"

科罗廖夫的名字和世界上的诸多"第一"联系在一起：1957年10月4日，世界上第一颗人造卫星升空；1961年4月12日，世界上第一艘载人飞船"东方1号"载着第一位宇航员加加林遨游太空；1965年3月18日，苏联宇航员乘坐载人飞船"上升"号实现太空行走；还有世界上第一个月球探测器、第一个金星探测器和第一个火星探测器……

科罗廖夫（Сергей Павлович Королёв，1907—1966），苏联著名的火箭和航天系统总设计师，世界上第一颗人造地球卫星的总设计师。

哈萨克斯坦拜科努尔发射场的科罗廖夫纪念碑（摄影：德米特里·伊万诺夫）

1957年10月4日，世界上第一颗人造地球卫星发射成功，这在航天史上是划时代的大事。可谁曾想到，为这次飞行做出杰出贡献的总设计师科罗廖夫，竟是苏联一个被判重罪的囚犯。

科罗廖夫早年就显露出超群的才干，25岁出版专著《火箭发动机》；26岁参与设计苏联第一枚液态火箭；29岁和同事们一起设计了苏联第一代喷气式飞机。

1937年，厄运降临到他的头上。当时陆军参谋长涉嫌里通外国，被判立即处死，身为火箭主设计师的科罗廖夫也被判十年徒刑，被押赴一个荒无人烟的小岛上挖金矿。后来，科罗廖夫被转到第四号特种监狱工厂研制火箭。在警戒森严、毫无自由的环境中，他先后成功地设计了苏联第一代导弹和中程导弹。

1957年8月3日，科罗廖夫设计的洲际导弹实验成功；同年10月4日，第一颗人造卫星上天。这一巨大的科学成就，让科罗廖夫为苏联赢得了极大的声誉，但他本人却被当局禁止露面。

在这以后，科罗廖夫又为第一载人宇宙飞船设计了火箭，他也从被关押的囚犯变成被"保护"的"要人"。

1966年，科罗廖夫因心力衰竭辞世，享年59岁。

■ 运载火箭之父

在 20 世纪 50 年代后期，苏联的火箭和卫星事业世人皆知，但作为主要负责人的科罗廖夫却鲜为人知。据说，第一颗人造卫星发射成功后，瑞士科学院曾提名卫星设计者获得诺贝尔奖，当询问设计者是谁时，赫鲁晓夫回答说："是全体苏联人民。"

第一颗人造卫星升天后，科罗廖夫就把视线投向了下一个目标——载人航天飞行计划。

为了给载人航天预作试验，苏联发射了一颗载有一只名叫"莱依卡"的小狗的"卫星"2 号。它在太空飞行的状态通过无线电遥测渠道传回地面，从而得出了一个重要结论，即在太空飞行，对生命并无威胁。

在科罗廖夫几近狂热、顽强地推动下，苏联航天部门在围绕将人真正送入太空的目标加速运转。

1961 年 4 月 12 日，苏联发射了世界上第一艘载人飞船"东方"1 号。尤里·加加林乘坐"东方"1 号飞船，耗时 108 分钟绕地球运行一周后，在萨拉托夫附近安全返回。加加林成为世界上第一位遨游太空的宇航员。

1963 年，第一位女宇航员捷什科娃进入太空。接着，科罗廖夫又为载人空间站做准备，包括载人长期太空飞行、载多人飞行、多艘飞船的轨道会合和编队飞行、太空行走和航天器的轨道对接技术等。遗憾的是，他未能看到"联盟"飞船和"礼炮"号空间站对接，就与世长辞了。

苏联于 1969 年发行的科罗廖夫纪念邮票

与此同时，科罗廖夫还领导了一系列新的宇宙研究：1959 年 1 月 2 日，发射了月球 1 号探测器，它是世界上第一个摆脱地球引力的飞行器；9 月 12 日发射的月球 2 号是第一个到达月球表面的人造物体；10 月 4 日发射的月球 3 号拍摄了第一批月球背面的照片。从 1959 年底开始，科罗廖夫又开始研究金星和火星的探测器，并为发射这些探测器研制了相应的运载火箭。

科罗廖夫的身份长期被官方保密，直到 1966 年他去世后，苏联太空计划的总负责人才被世人所知。苏联为其举行了国葬，并在 1996 年，将莫斯科州北部的一个城市加里宁格勒改名为科罗廖夫，以纪念这位苏联载人航天的开路人。

霍金——轮椅上的"宇宙之王"

2009 年，美国总统奥巴马在白宫与霍金交谈

箴言

上帝既造就天才，也造就傻瓜，这不取决于天赋，完全是个人努力程度不同的结果。

霍　金（Stephen Hawking, 1942—2018），当代最重要的广义相对论和宇宙论家。与彭罗斯一道证明了著名的奇性定理，为此他们共同获得了 1988 年的沃尔夫物理奖。在物理学历史上，他是继爱因斯坦之后最伟大、最杰出的人物，还证明了黑洞的面积定理。

■ "爱因斯坦"

霍金小时候的学习能力并不强，很晚才学会阅读。同学们都把他当成了嘲弄的对象，还给他起了个外号叫"爱因斯坦"。

谁知，随着年龄的增长，小霍金对万事万物如何运行开始感兴趣起来。他经常把东西拆散以追根究底，但在把它们组装回去时，他却束手无策。不过，他的父母并没有因此而责罚他，而是给他担任起数学和物理学的"教练"。

在十三四岁时，霍金发现自己对物理学方面的研究非常感兴趣。从此，霍金开始了真正的科学探索。

■ 病魔侵袭

从童年时代起，运动就一直不是霍金的强项。从到牛津大学的第三年起，霍金发觉自己的身体变得更笨拙了，有一两回竟是无缘无故地跌倒。但直到1962年霍金在剑桥读研究生后，母亲才注意到儿子的异常状况。

1963年，刚过完21岁生日的霍金在医院里住了两个星期，经过各种各样的检查，最后他被确诊为患上了"卢迦雷氏症"，即运动神经细胞萎缩症。医生说，霍金的身体会越来越不听使唤，只有心脏、肺和大脑还能正常运转，到最后，心和肺也会失效。医生还说，霍金的生命只剩两年时间了。

起初，这种病恶化得相当迅速，这对霍金的打击是可想而知的。他几乎放弃了一切学习和研究，因为他认为自己不可能活到完成硕士毕业论文的那一天。

后来，在家人的关怀和支持下，霍金不再消沉，并开始致力于理论研究工作。但是他的病情却渐渐加重，到了1970年，他不得不开始使用轮椅。

1985年，霍金动了一次穿气管手术，从此完全失去了说话的能力。但就是在这样艰难的情况下，霍金还是凭借其超人的毅力和对科学的执着精神，写出了著名的《时间简史：从大爆炸到黑洞》，探索着有关宇宙起源的问题。

■ "黑洞不黑"

霍金的研究对象是宇宙，但他对观测天文从来不感兴趣，只用望远镜观测过几次。与传统的实验、观测等科学方法不同，霍金的方法其实是靠直觉。

"黑洞不黑"这一伟大成就来源于一个闪念。1970年11月的一个夜晚，霍金在慢慢爬上床时开始思考黑洞的问题。他突然意识到，黑洞应该是有温度的，这样它就会释放辐射。也就是说，黑洞其实并不那么黑。

这一闪念在经过3年的思考后形成了完整的理论。1973年11月，霍金正式向世界宣布，黑洞不断地辐射出X射线、γ射线等，这就是有名的"霍金辐射"。而在此之前，人们认为黑洞"只吞不吐"。

从宇宙大爆炸的奇点到黑洞辐射机制，霍金对量子宇宙论的发展做出了杰出的贡献。

从1973年第一部著作《空时的大型结构》问世到1988年《时间简史：从大爆炸到黑洞》的发表，霍金作为向生命极限挑战的伟大科学家，其智慧已经远远超过了身体的局限。除了学术上的卓越贡献之外，他身为残疾人，却能坐在轮椅上用思想与科学对话，也为人类树立了鲜活的榜样，他是"轮椅上的天才"，"科学界的奇迹"。

第二章

Part 2

Chinese Article

中国篇

　　中国是世界早期人类文明的发源地之一。在世界科技进步的史册上，科技成就灿若繁星，其中农学、天文学、数学和医学一度居于世界领先地位。这得益于一代代科技巨匠废寝忘食，呕心沥血的付出：通天知地的张衡，救世济民的神医华佗，笔注华夏的郦道元，中国铁道之父詹天佑，克隆技术先驱童第周，杂交水稻之父袁隆平……他们是时代的伟大诗人，吟诵着发展和进步的赞歌。

鲁班——能工巧匠

木匠祖师鲁班

鲁班学艺

鲁班年轻的时候，决心上终南山拜师学艺。他拜别父母，凭着自己的毅力走出了山道。

鲁班来到了一个破屋前，见老师傅正在睡觉，他便坐下来耐心地等。直到太阳下山，老师傅才醒来，在问了他几个做木匠的基本问题后，见鲁班都能一一答对，老师傅就收他做了徒弟。

可是鲁班的艰辛生活才刚刚开始，师傅交给他的第一件任务就是把门后已经长满锈的斧子、刨子、凿子打磨如新。鲁班磨了七天七夜，才把斧子、刨子、凿子都磨得闪闪发亮。

师傅给鲁班的第二个任务是要求鲁班用自己磨的斧子去伐一棵参天大树，然后砍成一个光滑大柁，用凿子在大柁上凿2000多个眼。鲁班足足干了12个昼夜才终于完成了。

师傅看鲁班这样的勤奋、诚恳，就领鲁班来到西屋。原来西屋里满是精致的模型，鲁班下定决心一定要把手艺学好，于是认真地研究起模型来。从此，鲁班茶不思、饭不想整日研磨手艺，时时刻刻不放下手中的模型。3年后，鲁班终于把所有的手艺都学会了。

鲁班告别了师傅，含泪下了山，他牢记师傅的教诲，为人们奉献出精湛的木工手艺，给人们建造了许多桥梁、机械、房屋、家具，还教授了不少徒弟，留下许多动人的故事，所以后世的人尊鲁班为木工的"祖师"。

鲁班（约前507—前444），姓公输，名般，故也被尊称为"公输子"。因是春秋时鲁国人，"般"和"班"同音，古时通用，故人们常称他为"鲁班"。他发明了多种工具器械，使人们从原始的、繁重的劳动中解放出来，劳动效率成倍提高，土木工艺出现了崭新的面貌，人们因此尊他为"中国土木工匠的始祖"。

张衡——通天知地

张衡（78—139），字平子，南阳西鄂（今河南南阳城北石桥镇）人，中国东汉时期著名的天文学家、地理学家、发明家。张衡的成就极为广泛，涉及天文、历法、文学、地理等诸多方面，而且都有广博而精深的造诣。后世称之为"科圣"。

▲ 1955 年中国人民邮政发行的张衡纪念邮票

世界上第一台地震仪

东汉时期，经常发生地震。有时候一年会发生好几次。每发生一次大地震，就会给老百姓和国家带来巨大的灾难。当时的人们都把地震看作是不吉利的征兆，认为是鬼神造成的。张衡却不信神邪，他根据记录下来的地震现象进行详细的考察和试验，发明出一个能测出地震的仪器，取名为"地动仪"。地动仪是用青铜制造的，形状像一个酒坛，周围铸着 8 条龙，龙头伸向 8 个方向。每条龙的嘴里含着一颗小铜球，龙头下面，蹲着一只张着大嘴的蟾蜍。哪个方向发生了地震，朝着那个方向的龙嘴就会自动张开，把铜球吐出。铜球掉在蟾蜍的嘴里，会发出响亮的声音，提醒人们那里发生了地震。

公元 138 年 2 月的一天，地动仪正对着西方的龙嘴突然张开来，吐出了铜球，这是报告西部发生了地震。可是，那天洛阳一点地震的迹象也没有，也没有听说附近有什么地方发生了地震。于是，朝廷上下都议论纷纷，说张衡的地动仪是骗人的玩意儿。可是没过几天，就有人快马加鞭来向朝廷报告，离洛阳 1000 多里的金城、陇西一带发生了大地震，地裂山崩，大伙儿这才真正地信服了。虽然张衡后来在仕途上并不顺利，但是他的这些科学发明和实验却在我国科学史上留下了光辉的一页。

勤奋刻苦，访师游学

张衡的父亲早逝，家里生活非常清苦，但贫困的生活并没有影响张衡强烈的求知欲望。

张衡研究学问非常刻苦，他读书一丝不苟，而且思想开阔，不受传统观念的束缚。当时一般士大夫人家的子弟，都必须读《诗经》《书经》《易经》《礼记》《春秋》等儒家经典，张衡少年时代也熟读过这些书。但他却不喜欢这些经书，认为经书太束缚人们的思想。他少年时代最喜爱的是文学，他对当时著名文学家像司马相如、杨雄等人的作品，都下过一番功夫，不但能深刻地理解，还能够流利地背诵。因此他很早就能作一手好辞赋，人们对他的文学才能极为赞羡。

青年时代的张衡就懂得：读书固然是获得知识的一种方法，但是一个人要想在学问上有所成就，除了书本以外，还必须有实际生活的经验，需从实践中求知识。这样，张衡自然不会满足于"闭门坐家中，苦读圣贤书"的生活。他渴望出外游学，多多接触实际，以充实生活和开阔自己的眼界，寻求书本以外的丰富知识。

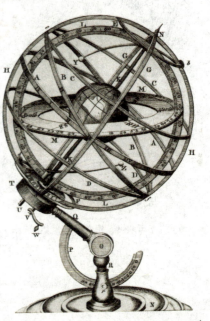

经纬仪剖析图

汉和帝永元六年（公元 94 年），16 岁的张衡离开了家乡，出外游历，访师求学。

离开家乡以后，张衡来到京师洛阳，那里是当时最富庶繁华的地区，也是学术文化的中心。他在洛阳居住了五六年，到处求师访友，虚心向他们讨教，因而汲取了不少知识。

张衡在洛阳结识了很多有学问的朋友，其中像马融，他是当时著名的辞赋作家，又擅长音乐，后来成为东汉的儒学大师；像窦章，也是一个很有学问的人，谦虚质朴，很受当时人们的尊重；像王符，是当时有名的政论家，他的著作《潜夫论》一直流传至今，成为研究东汉时期社会情况的宝贵历史资料；像崔瑗，对于天文、数学、历法都有精深的研究……这些朋友中，崔瑗对张衡的影响最大，他们常在一起谈论学问，这与张衡日后研究天文、数学等科学并获得巨大的成就是有一定关系的。

华佗——救世济民

魏有华佗，设立疮科，剔骨疗疾，神效良多。 ——陈嘉谟

华佗（？—208），字元化，沛国谯（今安徽亳州）人。东汉时杰出的医学家。他曾到过很多地方为人治病，方法简单有效，创造了许多医学奇迹，受到了百姓的爱戴。

清代《三国演义》绣像中的华佗

■ 刮骨疗毒

三国初期，有一次，关羽到樊城去攻打曹操，不幸被毒箭射中右臂。后来，伤口渐渐肿大，不能动弹。经名医多方诊治，始终无效。

就在关羽和他的部将一筹莫展之际，忽然，部下前来报告，说神医华佗求见。关羽说："快请进帐来！"

华佗进来后，关羽说："如果您能把我的右臂治好，我一定会感激您的。"

华佗说："您中的箭是乌头毒箭，现在毒已入骨。我准备在房梁上钉上一个铁环，把您的右臂伸进铁环中去，再把您的眼睛蒙上，然后给您动手术。"

关羽说："不用什么铁环，您就直接给我治吧！"

于是，关羽一边和谋士对弈，一边袒胸伸出右臂让华佗医治。华佗抽出消过毒的尖刀，割开关羽胳膊上的皮肉，见骨头已变成青色，便用刀将骨头上的箭毒刮除，帐中的人都惊呆了，关羽却依旧谈笑下棋。刮毒完毕，华佗又将伤口缝合，敷上药，包扎好。

手术后，关羽站起来伸展手臂，对华佗说："先生您真是妙手回春啊！"

■ 五禽戏

华佗非常重视体育锻炼对人体的保健作用。他说："人体必须经常活动，但不能过度。经常活动能使消化能力增强，血脉通畅，不易发生疾病。正如门轴一样，天天转动，就不会长蛀虫。"

华佗是古代医疗体育的创始人之一。他根据"流水不腐，户枢不蠹"的原理，创造了一种叫做"五禽戏"的体育运动。这种体育运动就是摹仿虎、鹿、熊、猿、鸟（鹤）5种禽兽运动姿态的体操。

第一种动作是摹仿虎的前肢扑捉的姿态；

第二种动作是摹仿鹿伸扬头颈的姿态；

第三种动作是摹仿熊侧卧的姿态；

第四种动作是摹仿猿的脚尖纵跳的姿态；

第五种动作是摹仿鸟（鹤）的双翅飞翔的姿态。

摹仿这5种动物姿态，可以使周身关节、脊背、腰部、四肢都得到舒展。

体质衰弱的人，练了"五禽戏"，可以使体魄健壮起来；患病的人，练了"五禽戏"，可以加速康复的进程；年迈的人，练了"五禽戏"，可以容颜焕发，精神旺盛。

华佗弟子吴普，由于几十年坚持做"五禽戏"，活到90多岁，仍然步履轻盈，耳聪目明，牙齿坚固。可见，"五禽戏"是行之有效的健身法。

■ 医术精湛

华佗博览古代医案，加上多年的临床实践，丰富了他的医疗经验。他断病准确，创造了许多奇迹。

华佗一生行医各地，声誉颇著，在医学上有多方面的成就。他精通内、外、妇、儿、针灸各科，尤为擅长外科，他是中国历史上第一位创造外科手术的专家，也是世界上第一位发明麻醉剂——麻沸散及发明针灸医病的医生，被后人称为"外科鼻祖"。

华佗最著名的手术要算是为关羽刮骨疗毒了，日本著名的浮士绘画家歌川国芳创作的这一作品（上图）即是反映了当时的情景

张仲景——医宗之圣

医圣张仲景

朝食暮吐，暮食朝吐，宿食不化，名曰胃反，脉紧而涩，其病难治。

张仲景（约150—219），名机，字仲景，东汉南阳郡涅阳（今河南邓县穰东镇，一说今南阳）人，他是我国东汉末期杰出的医学家，总结了汉末以前我国医家的宝贵经验，并结合自己的医疗经验和亲身体会，撰就了《伤寒杂病论》一书，被后世奉为"医家经典"，张仲景也被后世尊为"医圣"。

■ 不能为良相，亦当为良医

张仲景从小天资聪颖，勤奋好学。接受启蒙教育以后，他除了努力学习一般儿童应该学的课业外，还博览群书，尤其喜爱读前人留下来的医学著作。

当时南阳经常有瘟疫流行，每次瘟疫到来，都不知要夺去多少人的性命。张仲景的同族叔叔张伯祖是当时南阳一带的名医，经常四处给人治病。有一天，邻村一位农民得了伤寒病，来请张伯祖去看，正巧张仲景在叔父家里，于是张伯祖便带着张仲景一起去为病人诊治。经过用药，患者很快就好了。

张仲景亲眼看到叔父高超的医术，心里赞叹不已。他十分羡慕地问："叔父的医道这么高明，是怎么学来的？"张伯祖听了，笑笑说："我行医这么多年，虽无经验可谈，但是悟出一个道理，那就是：要想成为一名医生，必须勤求古训，博采众方。"张仲景听后恍然大悟，于是当即拜张伯祖为师。

从此以后，张仲景每天除了在家钻研医书之外，一有机会，就会跟着张伯祖外出治病，通过实践来验证从书本上所学到的医学理论，加深对医药理论的理解，丰富自己的临床经验。到了晚上，还虚心诚恳地请张伯祖传授医术。

这样，日复一日，年复一年，不知不觉3年过去了，张仲景在师傅的指导下，读完了《黄帝内经》《难经》等书籍。平日里，张仲景处处留心观察，搜集了许多民间治病的验方。张伯祖看张仲景这样勤奋好学，十分欣慰，便把自己所有的医术都传授给了他。

十几岁的张仲景拜张伯祖为师，勤奋钻研医术决心为民除疾的事，很快在南阳郡传开了。

■ 坐堂医生

张仲景总是想方设法地为百姓解除病痛。据说在张仲景50岁的时候，曾经做过长沙太守。这在当时已经是很高的地方官了，但他还是时刻不忘给百姓治病。

在封建时代，做官的是不允许随便进入百姓住处的。为了给百姓治病，造福于民，张仲景便在每月的初一和十五这两天，将自己官府的衙门打开，但并不处理政事，而是让得病的群众进来，为他们治病。时间一长，这就成了当地的一个惯例。每逢初一和十五，衙门前就站满了从四面八方赶来的病人，等着爱民如子的"父母官"给他们免费治病。

后来，为了纪念张仲景，百姓们就把坐在药铺里给病人看病的医生通称为"坐堂"，所以医生也就成了"坐堂医生"。

■ 医学著作《伤寒杂病论》

张仲景根据自己多年辩证论治的经验写成了一部书，叫《伤寒杂病论》，共16卷。

《伤寒杂病论》系统地总结了汉朝以前的医学理论和临床经验，是我国第一部临床治疗学方面的巨著，记载了对疾病的各种治疗原则以及治疗各种传染病和杂病的方法，奠定了中医治疗学的基础。

张仲景所确立的"辩证论治"原则，是我国医学宝库中的一颗灿烂明珠。《伤寒杂病论》与《黄帝内经》一起，共同奠定了我国中医学的理论体系，使中医成为了一门完整的科学。

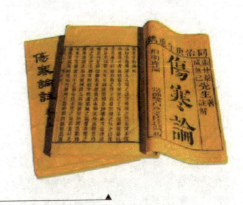

▲
张仲景所著的《伤寒论》

祖冲之——数学泰斗

箴言

浮词虚贬，窃非所惧。

祖冲之（429—500），字文远，祖籍范阳郡遒县（今河北涞水），中国南北朝时期伟大的数学家。祖冲之得出了圆周率(π 值)在 3.1415926~3.1415927 之间的结论，比欧洲科学家早了 1000 多年，这一贡献为后人称道不已。祖冲之也享有很高的国际声誉，月球上有一座山就是用他的名字命名的。

1955 年中国人民邮政发行的祖冲之的纪念邮票

扩展阅读

各种各样的 π

数学家：π 是圆周长与直径的比。

工程师：π 大约是 22/7。

计算机程序员：双精度下 π 是 3.141592653589。

营养学家：你们这些死心眼的数学脑瓜，"派"是一种既好吃又健康的甜点！

圆周率的始祖

我国历代都有研究天文的官员，并且根据研究天文的结果来制定历法。到了南北朝的时候，历法已经有了很大进步，但是祖冲之认为还是不够精确。于是他根据长期观测的结果，创制出一部新的历法——《大明历》。这部历法测定的每一回归年的天数，跟现代科学测定的相差只有 50 秒；测定月亮环行一周的天数，跟现代科学测定的相差不到 1 秒，其精确程度可见一斑。

尽管当时社会动荡不安，但是祖冲之还是孜孜不倦地进行科学研究。他更大的成就是在数学方面。他曾经对古代数学著作《九章算术》做了注释，此外，还与父亲祖暅一起编写了一本《缀术》。

祖冲之最杰出的贡献是求得了相当精确的圆周率。经过长期的艰苦研究，他计算出圆周率在 3.1415926~3.1415927 之间，成为世界上最早把圆周率数值精确推算到小数点后第七位的科学家。

机械巧手

祖冲之还制造了很多有用的劳动工具。他看到劳动人民舂米、磨粉很费力，就创造了一种粮食加工工具，叫做"水碓磨"。

古代劳动人民很早就发明了利用水力舂米的水碓和磨粉的水磨。西晋初年，杜预曾经加以改进，发明了"连机碓"和"水转连磨"。一个连机碓能带动好几个石杵同时间一起一落地舂米，一个水转连磨能带动 8 个磨同时磨粉。后来，祖冲之又在这个基础上进一步加以改进，把水碓和水磨结合起来，进一步提高了生产效率。这种加工工具，现在在我国南方有些农村还在使用。

祖冲之还设计制造过一种千里船，它可能是利用轮子激水前进的原理造成的，一天能行 100 多里。

音哲旁通

祖冲之的成就不仅限于自然科学方面，他还精通乐理，对音律很有研究。此外，祖冲之还擅长棋艺，并创作了小说《述异记》。

另外，祖冲之还著有《易义》《老子义》《庄子义》《释论语》等关于哲学的书籍，可惜都已经失传了。

祖冲之之所以能够取得这样辉煌的成就，并不是偶然的。

一方面，当时的社会生产力正在逐步发展，在一定程度上推动了科技的进步，客观上也为祖冲之在天文、数学、机械制造领域的研究提供了良好的外部环境。

另一方面，祖冲之在探求科学的道路上，刻苦钻研，不避艰难，勇于实践，总结并汲取了前人的科学成果。在此过程中，他不畏惧封建守旧势力，坚持自己的理想追求，是他取得不朽成就的重要因素。

祖冲之不仅是我国历史上杰出的科学家，而且在世界科学发展史上也有着崇高的地位。比如祖冲之推算出的密率，在世界上也是闻名遐迩的。

郦道元——笔注华夏

《水经注》书页

郦道元（约470—527），字善长，范阳涿县（今河北涿州）人，南北朝北魏时期地理学家、散文家。他从小好学博览，以优美生动的文字著成《水经注》，被誉为6世纪前中国最全面、最系统的综合性地理名著。郦道元曾多次出任中央和地方官吏，执法严格，办事果断，因此触犯了一些地方豪强和皇亲国戚的利益，后遭皇室暗算而死。

■ 中国最早的地理学家

郦道元出生在河北涿县一个官宦家庭，少年时代他就喜欢游历山水。后来他做了官，就有很多机会可以走访各地。他每到一地，除参观当地的名胜古迹外，还用心勘察水流地势，了解沿岸地理、地貌、土壤、气候以及人民的生产生活、地域的变迁等情况。他发现古代的地理书——《水经》对大小河流的来龙去脉缺乏准确的记载，而且由于朝代更替，城邑兴衰，有些河流已经改道，名称也变了，但书上却未加补充和说明，于是郦道元决心亲自给《水经》作注。

为了写《水经注》，郦道元阅读相关书籍达400多种，查阅了所有地图，研究了大量水文资料，还亲自实地考察。每到一处，他都仔细观察搜集水道分布、水利设施及其流经地区的自然和人文地理资料，核实书上的记载。那时候，交通不便，路途险峻，但他不畏艰难，跋山涉水，考察各地的山水草木，终于写出了准确详尽的《水经注》。

《水经》中记载的大小河流有137条，1万多字，经过郦道元注释以后，大小河流增加到1252条，共30多万字，比原著增加了数十倍。书中记述了各条河流的发源与流向，各流域的自然地理、经济地理和人文地理状况以及火山、温泉、水利工程等，是中国古代既全面又系统的综合性地理巨著。由于《水经注》在中国科学文化发展史上的巨大价值，历代许多学者都专门对它进行过研究，从而形成了一门"郦学"。

孙思邈——长寿药王

箴言

人命至重，有贵千金。

"药王"拜师

有一次，唐太宗患病，太医们束手无策。于是，太宗传旨召孙思邈进宫。孙思邈为唐太宗诊过脉，开了药方。一剂药下去，并不见起色，又服一剂，仍不见效。唐太宗没有责怪他，反而让他先回家去。

孙思邈心里很不痛快，行至一座山下，向山民讨水喝。

这户山民只有姐妹俩，以卖药材为生。她们对这位远道而来的客人很热情，姐姐用黄色花为他冲了一碗金花茶，妹妹用白色花为他冲了一碗银花茶。

孙思邈每样茶喝了一口，觉得味甘清淡，止渴清热，于是便说："这两种花都可以入药。"

姐妹二人听罢，笑了起来。姐姐解释说："这两种花其实是同一种药，刚开花时白色，盛开时会变黄色，因此它叫'金银花'。我们常采药材，十分熟悉各种草药的药性，有些和草药很像的'假药'，我们能分辨，别人都看不出。莫说你，就是孙思邈也不认得假药呢，这次他在万岁爷面前丢尽了面子。在我们进城卖药的时候，那些太监只出一点点钱就想把我们的药全拿走。我们气不过，就用假药骗他们，所以连孙思邈也治不好万岁爷的病。"

孙思邈（约581—682），京兆华原（今陕西耀县孙家塬）人，唐代著名医学家。《千金要方》《千金翼方》各30卷，是他的力著，对中国医学发展贡献极大，被人们尊为"药王"。

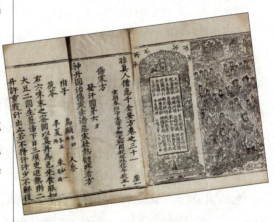

明嘉靖三年（1524）道藏本孙思邈著《备急千金要方》，书首题："宋朝奉郎守太常少卿充秘阁校理林亿等校正"。存世七卷

孙思邈听罢，恍然大悟，当下亮明了自己的身份，并拜两位山姑为师，跟她们学习采药、制药，了解各种药性。然后，他采了些新鲜药回宫，一剂药下去就把唐太宗的病治好了。唐太宗接受了孙思邈的建议，责令太监以后上市买药一定要公平，并封孙思邈为"药王"。

毕昇——活字印刷术的发明者

▲ 毕昇塑像

箴言

胶泥刻字，薄如钱唇，每字为一印，火烧令坚。

毕昇（？—约1051），蕲州蕲水县直河乡（今湖北英山县草盘地）人，北宋活字版印刷术的发明者。他发明的活字印刷使印刷技术进入到了一个新时代。

■ 活字印刷的发明

北宋时期，雕版印刷大为盛行。相传杭州西山有位号称"神刀王"的雕刻师傅，技艺出众，颇负盛名。但他脾气古怪，从来不肯收徒弟。那时毕昇还是个小孩子，听别人说后，就慕名前往拜师。"神刀王"见他聪明灵巧，就破例收下了这名小徒弟。

几年后的一天，"神刀王"雕刻晋代大书法家王羲之的《兰亭序》，让毕昇在一旁观看揣摩。哪知毕昇不小心碰了一下师傅的胳膊，结果最后一行的一个"之"字刻坏了，这样整块木板就要报废。当时"神刀王"并没有责备毕昇，但毕昇还是为此难过了好几天。同时他也想，木板雕刻印刷这么麻烦，能不能改进一下呢？此后，毕昇一有空就总是考虑这件事。

一天，师傅让他到街上买菜。他边走边思考改进的办法，不经意间路过刻制图章的摊前，看到一个一个图章排得很整齐。他想，如果印刷也能像刻图章一样把所需要的字一个一个排起来，就不会因为一个字刻坏而影响整块雕版了。

毕昇想起了在家和小朋友一起捏泥人的游戏，为何不用泥来试试呢？于是他有空就用胶泥做成一个个的方块，在上面刻成反字。晒干后，涂上墨，果然印出了字。后来，他又向烧瓷的师傅请教，经过烧制后，字模变硬了，而且非常灵便，成了活字。排版时，把活字排在铁框里固定好，就可以像雕版一样印刷了。

毕昇活字印刷术的发明，比欧洲早400多年。他成了活字印刷的"祖师爷"，为人类文明的发展和文化的传播做出了不可磨灭的贡献。

沈括——科学巨星

■ 杰出的天文学家

沈括是一位杰出的天文学家，他治学态度严谨，对那些旧历官凭借演算凑数的修历方法非常不满，他主张从观测天象入手，以实测结果作为修订历法的根据。为此，沈括首先研究并改革了浑仪、浮漏和影表等旧式的天文观测仪器。

浑仪是测量天体方位的仪器。经过历代的发展和演变，到了宋朝，浑仪的结构已经变得十分复杂，三重圆环相互交错，使用起来十分不便。为此，沈括对浑仪做了比较多的改革。他一方面取消了作用不大的白道环，把仪器简化、分工，再借用数学工具把它们之间的关系联系起来；另一方面又改变了一些环的位置，使它们挡不住观测视线。沈括的这些改革措施为仪器的发展开辟了新的途径。后来的新式测天仪器——简仪，就是郭守敬在沈括的研究基础上创制的。

浮漏是古代测定时刻的仪器。由五个盛水的漏壶装置成阶梯的形式，每个漏壶下侧都有孔，依次往下一个漏壶里滴水漏水。最下面的漏壶没有孔，里面有刻着时间标度的"箭"。随着漏壶内水面升高，"箭"就慢慢浮起，从显露出来的刻度可以读出时刻。沈括对漏壶也进行了改革。他把曲筒铜漏管改为直颈玉嘴，并且把它的位置移到壶体的下部。这样流水会更加通畅，壶嘴也坚固耐用多了。

此外，沈括还制造了测日影的圭表，而且还改进了测影方法。沈括对科学尤其是天文学的卓越贡献，让他被评价为"中国科技史上的里程碑"。

箴言

能用度外人，后能周大事。

沈括（1031—1095），字存中，杭州钱塘（今浙江杭州）人。他是中国科技史上的一位巨人，精通天文、数学、物理学、化学、生物学、地理学、农学和医学；他还是卓越的工程师、出色的军事家、外交家和政治家；同时，他博学善文，对律历、音乐、医药、卜算等无所不精。他晚年所著的《梦溪笔谈》详细记载了劳动人民在科学技术方面的卓越贡献和他自己的研究成果，反映了我国古代特别是北宋时期自然科学取得的辉煌成就。《梦溪笔谈》不仅是我国古代的学术宝库中的瑰宝，而且在世界文化史上也占有重要的地位。

郭守敬——天文巨子

历之本在于测验，而测验之器莫先仪表。

▲ 北京郭守敬纪念馆的郭守敬雕像，材质为汉白玉。（雕像作者：王一林，摄影：Shizhao）

郭守敬（1231—1316），字若思，顺德邢台（今河北邢台）人，元朝天文学家、水利学家、数学家和仪表制造家。郭守敬编撰的天文历法著作有《推步》《立成》《历议拟稿》《仪象法式》《上中下三历注式》和《修历源流》等14部，共105卷。为纪念郭守敬的功绩，人们将月球背面的一座环形山命名为"郭守敬环形山"，将小行星2012命名为"郭守敬小行星"。

■ 整治水利，疏通运河

郭守敬的祖父郭荣学识渊博，不但通晓经书，而且对数学、天文、水利等都有研究。郭守敬少年时就在祖父的影响下，对科学产生了浓厚的兴趣。

忽必烈统一北方后，为了发展农业生产，决定整治水利，于是广募良才。张文谦把郭守敬推荐给了忽必烈，忽必烈很快就在开平召见了郭守敬。由于郭守敬对北方水利情况十分熟悉，故当时就提出了6条整治水利的措施。

忽必烈听后十分满意，随即就任命郭守敬为提举，负责各路河渠的整修管理事务。

两年后，郭守敬又被派到西夏一带去整治水利。那里经过多年的战乱，导致当时河道淤塞，土地荒芜，粮食的生产遭到严重破坏。

郭守敬到了西夏，经过详细勘察以后，发动民工疏浚了一批原有的渠道、水坝，还开挖了一些新河道。不到一年的时间，便让这一带900多万亩农田都得到了有效灌溉。顺畅的灌溉使粮食得到了大丰收，百姓的生活也都得到了改善。

为了加强大都（今北京）到江南的交通运输，忽必烈又派郭守敬去勘测水路的交通情况。经过郭守敬的勘测、设计，不但修通了原来的运河，还新开凿了一条从大都到通州的通惠河。这样，从江南到大都的水路运输，就变得畅通无阻了。

■ 监测天文，编制历法

元世祖忽必烈灭南宋以后，更加重视农业生产的恢复。农业生产要依靠准确的历法，而过去蒙古一直使用金朝颁布的历法，这种历法误差很大，连农业上常常使用的节气也算不准。元朝征服江南以后，南方用的又是另一种历法。南北历法不一样，更容易造成混乱。

为此，元世祖决定制订一个新历法。他下令成立了一个编订历法的机构，名叫"太史局"（后来称太史院），让郭守敬的同窗王恂负责。郭守敬也因为精通天文、历法，被朝廷从水利部门调到太史局，和王恂一起主办改历工作。

公元 1279 年，郭守敬向元世祖提出要在太史院里建造一座新的司天台，同时在全国范围进行大规模的天文测量。这个计划得到元世祖的批准。

经过王恂、郭守敬等人的共同努力，元朝在全国各地设立了 27 个测点。最北的测点是铁勒，最南的测点在南海，并选派了 14 个监候官员分别到各地进行观测。郭守敬也亲自带人到几个重要的观测点去观测。各地的观测点把得到的数据全部汇总到太史局。

郭守敬根据大量数据，花了两年的时间，编出了一部新的历法，被忽必烈定名为《授时历》。这种新历法，比旧历法精确得多。它算出一年有 365.2425 天，同地球绕太阳 1 周的时间只相差 26 秒。这部历法同现在通行的格里历（即公历）1 年的周期相同，但比欧洲人确立公历的时间早了302 年。

▲ 促成《授时历》编订的元世祖忽必烈

李时珍——华夏神医

华夏名医李时珍

李时珍（1518—1593），字东璧，晚号濒湖老人。蕲州（今湖北蕲春县）人，明代医学家。世代行医，其父李言闻系当地名医。李时珍幼年时学习儒家经典，后从医。曾精研古籍及医典，并亲自上山采药，收集民间的药方。有感于历代本草谬误多，于是参考文献800多种，结合实践经验，历时27年，撰成《本草纲目》52卷。对脉学、经络也有研究，著有《濒湖脉学》《奇经八脉考》流传于世；而《五脏图论》《命门考》等医著已佚。

箴言

身如逆流船，心比铁石坚。望父全儿志，至死不怕难。

■ 雄心壮志

李时珍出身世医之家，童年时体弱多病，对生病的痛苦感受深切，于是，他从小就立下雄心壮志——做一名医药学家，像他的祖辈、父辈一样，当一名济世救人的医生。可是在当时，民间医生地位很低，李家常受官绅的欺侮。因此，父亲执意让李时珍读书应考，将来考取功名，出人头地。

李时珍不敢违背父愿，14岁便考中了秀才，以后3次赴武昌应试举人，皆名落孙山。于是他恳求父亲，让他专心学医。父亲无奈，只好答应了他的请求。于是李时珍开始研究《黄帝内经》《伤寒论》《本草经》等医书，每天天不亮就起来读书，坚持学习多年，到二十几岁时，他已经能跟父亲去为人看病，30多岁时便成为当地很有名望的医生。

李时珍刻苦阅读了800多种医学书籍，足迹遍及了祖国名山大川，调查、采药、实验，终于修正了历代《本草》中的错误，充实了新的内容。他在年过花甲时，写出了《本草纲目》的初稿，后又经3次修改，终于完成了这部使他付出大半生心血的伟大的著作，令当年的壮志变成了现实。而这时的李时珍已61岁。

■ 李时珍晒"书"

在李时珍的家乡，有一位庸医，此人不学无术，可是却假充斯文，开口《伤寒论》，闭口《药性赋》。这名庸医不但家财万贯，更有藏书之癖，他平时不惜重金购买天下医书，以此来炫耀自己的医术和德行。

李时珍祖上世代为医，家境仅温饱而已。再加上常常为贫穷患者义诊施药，因此无钱买书。李时珍为了让自己医道精湛，想要博览众书，于是多次向这名庸医借书读，可是均被他无情拒绝。

有一年夏季，梅雨季节刚过，庸医便命家人将书房内的藏书搬到院子里晾晒。各种古典医籍摊晒了满满一院子，庸医洋洋自得地在院子里踱着方步。这时正巧李时珍去一户人家治病路过这里，见满院子都是医书，便一时兴起，走进了院子。只见李时珍解开衣襟，躺在晒书的架子旁，袒胸露腹，也晒起"书"来。庸医见此情景感到莫名其妙，于是惊问道："李先生，您这是在做什么呀？"

李时珍笑道："我也在晒书啊！"庸医更加不解地问道："先生的书在哪里呀？"李时珍拍拍自己的肚皮说："我的书就装在这里面。"庸医听后，知道李时珍是在挖苦他，惭愧难当，无言以对。

■ 坚决反对炼丹，巧用炼丹之法

嘉靖皇帝迷信仙道，祈求长生不老。方士看准了皇帝的心意，便大炼不死仙丹，以此来取悦皇帝，因此在全国掀起了一股炼丹热潮，但不少人却因服用仙丹中毒身亡。李时珍知道仙丹多用水银、铅、丹砂、硫磺、锡等炼取，里面含有毒素，于是坚决反对人们服食仙丹，他大声疾呼："丹药能长寿的说法，绝不可信！"

李时珍虽然坚决反对服食仙丹，但却以科学的态度运用炼丹的方法，亲自研制水银来医治疮疥等病，又利用炼金术烧制外用药物，他还把研究的数据记载在《本草纲目》里，对后世影响深远。

四库全书版《本草纲目》

箴言

算数之学特废于近代数百年间耳。废之缘有二。其一为名理之儒士苴天下实事；其一为妖妄之术谬言数有神理，能知往藏来，靡所不效。卒于神者无一效，而实者亡一存，注昔圣人研以制世利用之大法，曾不能得之士大夫间，而术业政事，尽逊于古初远矣。

徐光启——中西会通

▲ 明朝天文学家徐光启

徐光启（1562—1633），字子先，号玄扈，明末科学家、数学家、农学家，是中国第一位引进西方科技的杰出科学家。他系统辑录了历代农书的精华，撰写了一部总结性的"中国古代农业百科全书"——《农政全书》。他在数学、天文学等方面均有建树，为推动中国科学的发展奋斗了一生。

■ 大器晚成，传播西学

1597 年，35 岁的徐光启第 6 次千里迢迢从广西桂林赴北京赶考，皇天不负苦心人，他终于考上并以第一名中举。

1600 年春，徐光启在南京初次见到利玛窦，两人谈得十分投机。徐光启热情称颂利玛窦："以为此海内博物通达君子"。同时，他对天主教的印象也更为深刻。1603 年，在郭居静、罗如望两位教士的主持下，徐光启加入了天主教。

1604 年，42 岁的徐光启，再次参加"会试"，终于中了进士。总计徐光启在科场的经历，举人考了 6 次，进士考了 3 次才考中，一共耗费了 23 年的时间，真可谓大器晚成。

徐光启在北京接受一连串考试时，常去会见已经定居北京 4 年的利玛窦。到翰林院供职时，他们之间的联系更加密切，徐光启对利玛窦十分推崇和赞许，并正式迈入吸收西方文化的学习里程。

徐光启有个非常好的学习习惯，就是喜欢作笔记。凡有参考价值的东西都随手记下来。他发现利玛窦早先所著和所印的中文书籍，很受读书人重视。于是，为了让中国的士大夫了解西方学术理论的论证方法，他便向利玛窦提出了翻译西方科学著作的建议。对此，利玛窦十分赞同。经过商议，他们决定从《几何原本》入手，因为这本书中的理论和证明十分明晰，易于接受，可以使中国读书人耳目一新。

1606 年秋天，徐光启开始和利玛窦合作译书。他每天都要到利玛窦的住处，工作三四个小时。他一边学习，一边翻译，呕心沥血，废寝忘食，即使是一个词的翻译，为了准确性，也要反复推敲。

《几何原本》作为徐光启潜心研究西方科学的第一个具体成果，在中西文化交流史上写下了璀璨夺目的一页。

利玛窦是明朝时著名的传教士，他曾经和徐光启合作翻译了《几何原本》，将西方的几何知识介绍到中国

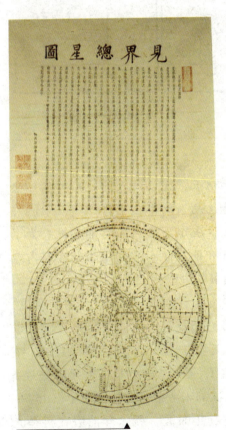

徐光启的《见界总星图》

克己奉公，两袖清风

徐光启是中国近代科学文化的先驱，被世人称为在文化领域最早睁开眼睛看世界的中国人。同时，他还是一位令人钦佩的清官。明朝后期社会黑暗，宦官乱政，结党营私，吏治腐败，贪污受贿成风。但在这样的政治环境中，徐光启依然洁身自好，出淤泥而不染。

1632 年春，徐光启晋升为礼部尚书兼东阁大学士，兼主持纂修《熹宗实录》。东阁大学士是一品官，掌管国家大事，地位相当于宰相。同僚们纷纷前来送礼祝贺，平时冷落的寓所顿时门庭若市，但是徐光启对他们的馈赠一一婉言谢绝。这一年，徐光启 70 岁，许多大臣和亲朋好友们前来送礼，一是祝贺他高升，二是为他祝寿，这本来也是在情理之中的事情，但他却吩咐儿辈一概辞谢，不收任何人的礼物。

崇祯六年（1633 年），崇祯皇帝又晋升徐光启为太子太保、文渊阁大学士，主持阁务。72 岁的徐光启"心思耳目，俱见衰残"，再三推辞，崇祯皇帝却还是坚持要他"出山""佐理"。3 个月后，徐光启终因心力交瘁而亡。

宋应星——启蒙先驱

箴言

古人有思而后有诗，今人不然。其人不足思，且亦未尝思，乃假笑佯欢，累牍而出之，斯亦不足贵矣。

宋应星（1587—约1661），字长庚，江西奉新人。是明代杰出科学家，被誉为"中国的狄德罗"。宋应星勤于著书，最著名和最有影响力的是《天工开物》。

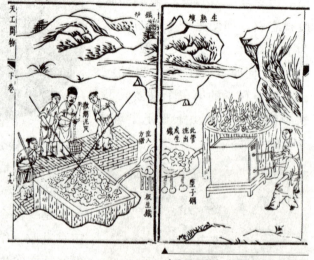

《天工开物》中描绘的冶铁过程

■ 屡试不中的"中国的狄德罗"

宋应星自幼聪明伶俐，几岁就能作诗，有过目不忘的本领。他和大哥宋应升一起在叔祖宋和庆开办的私塾中读书，深得老师和长辈们的喜爱。宋应星幼时先学诗文，又学经、史、子、集，接受过封建正统教育。

青年时代，他把主要精力和时间都花在了科举应试上。1615年，宋应星和哥哥宋应升一起到省城南昌参加乡试。参加这一年乡试的江西考生有10000多人，但中举的却只有109人，宋应星名列第三，宋应升名列第六，奉新县考生中只有宋应星兄弟两人及第。

当年秋天，兄弟两人前往京师参加会试，但是，两人却都名落孙山。兄弟俩并没有气馁，决定下次再去参加会试。为了做好应试准备，他们前往江西九江府古老的白鹿洞书院进修。

1619年，宋应星兄弟再次进京会试，但两兄弟仍未及第。他们以为第三次可以成功，于是又于1623年进京参加会试，结果又失败了。就这样，宋应星兄弟一连5次参加会试都未考中。当时，宋应星已45岁，宝贵的青壮年时光，就这样消磨在科举上面了。

■ 担任教谕，便宜著书

屡试不中让宋应星甚是失落，同时，他也深感"士子埋首四书五经，饱食终日，却不知粮米如何而来；身着丝衣，却不解蚕丝如何饲育织造"的无奈，但是，这五次赴京赶考，行程万里，也大大加深了宋应星对底层社会的认识，使他的见识更为广博。

1634年，宋应星谋取了一个在本省袁州府分宜县县学担任教谕的职务。分宜县在奉新的西南，中间经过上高，不算太远。县学有20名学生，教谕则是个未入流的文职衙门中的下级官员。宋应星在这个职位上干了四年。

宋应星担任教谕期间，接触到一些图书资料，这为他以后从事写作提供了有利条件。宋应星充分利用这段时间，根据以前的调查所得，再查找必要的参考文献，进行了极其紧张而艰苦的著述工作。

■ 《天工开物》——"雕虫小技"的集大成者

17世纪30年代，中国的一本名为《天工开物》的书传到西方以后，令欧洲人惊奇不已，称它是"中国17世纪的工艺百科全书"。这本书的作者就是明代著名的科学家宋应星。

中国封建社会，民间工艺技术被认为是"雕虫小技"，一般读书人看不起这种工艺技术。宋应星却把它看做是劳动人民创造的宝贵财富，一一记录在《天工开物》中，成就了一部中国古代科学技术的名著。西方曾以《中华帝国古今工业》为书名，将它译成外文出版。

《天工开物》中记载的冷浸田使用骨灰蘸秧根，是我国农业使用磷肥的最早记录；利用不同品种蚕蛾杂交而生出"嘉种"，是我国利用杂交技术改良蚕种的最早记录。此外，书中记载的精巧且复杂的提花机是当时世界上最先进的，记载的锌的冶炼技术在世界上同样也是最早的。

◀ 中国古代两桅漕船（图片取自《天工开物》清刻版）

詹天佑——中国铁路之父

▲ 1909 年 10 月，京张铁路建成通车时的詹天佑

詹天佑（1861—1919），字眷诚，安徽婺源庐坑（今江西）人，生于广东南海。中国最早的杰出的铁道工程专家和杰出的爱国知识分子。在他的主持下，京张铁路成功修建，大大推动了中国铁路事业的发展。詹天佑被称为"中国铁路之父"。

■ 异国求学

詹天佑出生在一个普通的茶商家庭。他自小就对机器十分感兴趣，常和邻家孩子一起，用泥土仿做各种机器模型。有时，小天佑还偷偷地把家里的自鸣钟拆开，摆弄和研究里面的构件，甚至提出一些连大人也无法解答的问题。

1872 年，年仅 12 岁的詹天佑到香港报考了清政府筹办的"幼童出洋预习班"。考取后，父亲在一张写明"倘有疾病生死，各安天命"的出洋证明书上画了押。

从此，詹天佑就辞别父母，怀揣着学习西方技术的美好理想，来到美国就读。

在美国，预习班的同学们目睹了北美西欧科学技术的巨大成就，对其机器、火车、轮船及电信制造业的迅速发展赞叹不已。有的同学由此对中国的前途产生了悲观情绪，而詹天佑却坚定地说："今后，中国也会有火车、轮船。"

詹天佑怀着为祖国繁荣而发奋图强的信念，更加刻苦学习，终于在 1877 年以优异的成绩毕业于纽黑文中学。同年 5 月，他考入耶鲁大学土木工程系，专攻铁路工程。

在这 4 年的大学生涯中，詹天佑始终坚持刻苦钻研，祖国明天的繁荣昌盛就是他不断前行的动力。功夫不负有心人，终于，他以第一名的成绩毕业于耶鲁大学。1881 年，在 120 名回国的中国留学生中，获得学位的只有两人，詹天佑就是其中的一个。

■ 初战告捷，吐气扬眉

1888 年，詹天佑几经周折，转入中国铁路公司担任工程师，这是他献身中国铁路事业的开始。

刚上任不久，詹天佑就遇到了一次考验。当时从天津到山海关的津榆铁路修到滦河，要造一座横跨滦河的铁路桥。滦河河床泥沙很深，加之水涨流急，工程遭遇瓶颈。铁路桥开始由当时号称"世界一流"的英国工程师担任设计，但是失败了；后来请日本工程师实行包工，也没有成功；最后让德国工程师出马，不久也败下阵来。最后，詹天佑要求由中国人自己来做，负责工程的英国人在走投无路的情况下，同意由詹天佑来试试。

詹天佑分析总结了 3 个外国工程师失败的原因，大胆决定采用新方法——"压气沉箱法"来进行桥墩的施工。

滦河大桥建成了，詹天佑成功了。这件事震惊了世界：一个中国工程师居然解决了 3 个外国工程师都无法完成的大难题！

詹天佑纪念馆（摄影：高晶）

■ 中国人自行设计施工的第一条铁路

1905 年，京张铁路由于英、俄两国争夺筑路权相持不下，清政府决定由中国自建，任命詹天佑为总工程师。外国人讥笑中国"自不量力""胆大妄为"，但詹天佑并未因此而低落、灰心。面对艰巨的工程，詹天佑充分展示了他过人的才华和科学创新精神，细致测量，精心设计。

开凿居庸关和八达岭两个隧道时，詹天佑在没有新式开山机、抽水机和通风机设备的艰难情况下，创造性地采用两端开凿，中开竖井的施工方法，顺利解决了面临的道道难题。他还把地势险、坡度大的八达岭，设计成"人"字路线，使列车顺利行驶。为了防止行车时遇到车厢脱节，他还仿造了自动挂钩，人称"天佑钩"。这条原计划 6 年完成的铁路，历时 4 年就竣工了，节省开支 28 万两白银，被当时的外国工程师视为奇迹。

马寅初——铁骨铮铮

▲ 马寅初肖像图

○ 马寅初（1882—1982），字元善，浙江绍兴人。我国当代著名的经济学家、教育家和人口理论的先驱者。

> 学习和钻研，要注意两个不良，一个是"营养不良"，没有一定的文史基础，没有科学理论上的准备，没有第一手资料的收集，搞出来的东西，不是面黄肌瘦，就是畸形发展；二是"消化不良"，对于书本知识，无论古人、今人或某个权威的学说，都要深入钻研，仔细咀嚼，独立思考。切忌囫囵吞枣，人云亦云，随波逐流，粗枝大叶，浅尝辄止。

■ 不上学就投江

马寅初出生在浙江嵊县浦口镇，父亲马棣生是个小酒店的老板。马寅初在兄弟中排行第五，由于天生聪慧，父亲就希望他能继承家业。但马寅初对此并不感兴趣，他执意要去上学。

马棣生听马寅初说不愿做生意，还要到大上海去花钱读书，随手拎起一根鞭子，没头没脑地就向马寅初抽去。马寅初哭喊着："打死我也不做生意，我就要念书！"

此时，他只有一个念头："与其不能念书，那还不如去死。"

后来，父亲的好友张江声得知事情的原委后，表示愿意出资供马寅初上学。

1899年初夏，马寅初如愿以偿地来到上海读中学。1901年他考入北洋大学，学习矿冶专业。1906年获得北洋政府的官费留学资格，就读于美国耶鲁大学矿冶系，后取得耶鲁大学硕士学位。1915年，马寅初回国，先在政府财政部任职，后在北大教书。

■ 不畏权势，怒斥孔祥熙

马寅初在担任立法院经济委员会和财政委员会的秘书长时，对于当时财经法案的审议，无论在大会上还是在审查会上，都是站在国家和人民的立场上力陈利害得失，据理力争。每当财政部提出增税、发行公债等有关增加人民负担的法案和修订关税等有损于国家主权和利益的法案时，马先生总是大声疾呼，坚决主张不予通过。

1939 年春到 1940 年 12 月，马寅初在重庆任重庆大学商学院院长，他致力于办好商学院，并着重研究中国抗战时期的经济问题。

1939 年秋，马寅初借重庆道门口银行工会场址，召开 1939 年中国经济学社年会，事前马寅初特意亲邀财政部部长孔祥熙参加。

大会开始后，马寅初致开幕词，说明学社汇集了众多财经专家，人才济济，理应负起责任，和财政当局共商对策，以解救当前财政经济的危机。

社员鼓掌赞同后，马寅初接着说："今天我们很幸运，我们的社员、现任财政部部长的孔祥熙先生，在百忙之中前来参加这次年会。孔先生是财政经济的专家，又是掌握全国财政命脉的最高主管长官，现在我想先请孔部长对国家当前的财经情况和政策，给我们作一指导。"孔祥熙根本没有想到马寅初会将他一军，毫无准备的他当场被弄得面红耳赤。大家一边热烈地鼓掌，一边齐刷刷地盯着孔祥熙。在这种情况下，孔祥熙只能硬着头皮走上台去，敷衍了一番。

马寅初先生在孔祥熙发言将毕时说："请问部长先生，在法币已经贬值，物价不断上涨的时候，财政当局没有设法稳定币值，制止物价上涨，反而突然宣布大幅度降低法币对美元的比价，推波助澜地造成财政上的大紊乱，使物价更猛烈地上涨。我们学识浅薄，不知用意何在？"

他接着说："听说这次调整美元比价公布之前，那些洞悉内情的人，都拼命地在市场上抢购美钞、黄金、白银，不顾人民死活，一夕之间都发了大财。请问部长先生这又作何解释？"

当时到会的社员，都明白马老先生的这番发言会触怒孔祥熙，但对他的不畏权势，敢于说出大家的心里话而由衷地敬佩，会场上响起经久不息的掌声。

李四光——『光被四表』的一面帅旗

我们要有雄心壮志，但必须避免好高骛远。古语说得好："行远自迩，登高自卑。"

李四光（1889—1971），蒙古族，湖北黄冈人。我国杰出的地质学家，地质力学的创造者和新中国地质事业的开拓者与奠基人。他以独到的学术见解创立的地质力学，不仅圆满地解决了各种地质构造形式的形成机制，而且成功地指导了矿藏勘探工作。根据他的理论，我国相继发现了大庆油田、胜利油田、大港油田等，打破了"中国贫油论"，为祖国的社会主义建设做出了卓越贡献。在国际上，李四光也享有很高的声誉。

中国地质博物馆门前的李四光雕像（摄影：Shizhao）

"光被四表"与"李四光"

李四光出生在湖北黄冈北边的一个小村庄，本名李仲揆。李四光这个名字，是他后来去上学的时候，需要填写报名单，误将姓名栏当成年龄栏，随手就写了个"十四"，这是他当时的年龄。可是，他马上发觉填错了栏目，这下可怎么办呢？聪明的李四光就在"十"字上加了几笔改了"李"字，可"李四"这个名字实在不好听。正在为难的时候，李四光抬头看见堂中上方挂着一块大匾，上写"光被四表"。他灵机一动，在"李四"后面又加上了一个"光"字。从此，李仲揆就有了一个响亮的名字，就叫"李四光"。

关于石头的疑问

李四光童年的时候，家里生活非常艰辛。一家数口仅靠父亲办私塾收缴的一点学费勉强维持生计。李四光的母亲也经常纺线织布，换些零用钱。李四光的父亲为人耿直，爱打抱不平，曾经因与黄冈的革命党人有来往而被迫逃离家乡，避祸南京，致使李家生活就更加地艰难了。

李四光从小就喜欢动脑筋，问问题。有一次，他和小朋友一起玩儿捉迷藏的时候，看到村头有一块特别大的石头，就产生了这样的疑问：这石头是怎么来的呢？为什么周围没有这种石头呢？也许是个偶然的巧合吧，他后来果真成为一名著名的地质学家，还科学地回答了他孩童时提出的疑问呢！

■ 不准叫我"Mr. 李"

1904 年，李四光因成绩优异被派往日本留学，在长期的国外留学生活中，李四光亲身感受到中国人所受的歧视和侮辱，从而产生了强烈的民族自尊心。他曾说："我们不能不承认人家的文化水平比我们高，艺术比我们精。人家的地方已经开辟到十分田地，我们的一块沃土还在那里荒着。请他们来做好了，之后再拱手奉还给我们，世界上恐怕没有那么美的事。所以，我们一线的生机，还是在我们的民族，……"

李四光在担任中国地质会会长期间，多次赴欧美讲学。李四光上课的时候，除了科学上的一些专有名词以外，他始终坚持用中文讲解。有一次上课的时候，一个学生叫他"Mr. 李"，叫了几声，他就问那个学生在叫谁，那个学生说："叫你。"李四光说："你可以称我老李、小李或阿猫、阿狗什么的都没有问题，但是我不准你叫我'Mr. 李'。"

■ 推翻洋人的断言

冰川的分布是研究地质构造的重要依据，李四光对冰川的研究投入了极大的精力。有些外国人对中国的冰川进行粗陋考察之后，就断言"中国没有第四纪冰川"。李四光却提出"让事实说话"的主张。

1921 年，李四光回国后在太行山的沙河县、山西大同盆地口泉附近发现了第四纪冰川遗迹，遭到了一些外国专家否定。但他没有丧失研究的勇气和信心，继续带领学生们在太行山、九华山、天目山、庐山等地考察，随后又发现了许多有力的证据。

1933 年，李四光以《扬子江流域之第四纪冰期》为题，在中国地质学会第十次年会上作了学术演讲，会后他还专门请中外学者到庐山进行实地考察。有的外国专家私下对李四光说，如果这些遗迹在国外被发现，早就被公认为冰川遗迹了。

此后，李四光又加紧了对第四纪冰川的考察，先后在扬子江流域、黄山等地发现了大量遗迹，最终推翻了外国人的错误结论。这一研究成果对掌握地下的水文和构造，对发展祖国建设事业起了十分重要的作用。

竺可桢——受命"管天"的一代宗师

▲ 竺可桢一生保持着严谨的科研态度

箴言

教育的目地，不但是在改进个人，还要能影响于社会。

竺可桢（1890—1974），又名绍荣，字藕舫，浙江上虞人。中国卓越的科学家和教育家，当代著名的地理学家和气象学家，中国近代地理学的奠基人。他创建了中国大学中的第一个地学系和中央研究院气象研究所；他曾经担任13年浙江大学校长，被尊为"中国高校四大校长"之一。

■ 奔走告急，立志"管天"

竺可桢从青少年时代起，就确立了"科学救国"的志向。留学回国后，他看到中国没有自己的气象站，气象预报和资料竟由各国列强控制，便著文疾呼："夫制气象图，乃一国政府之事，而劳外国教会之代谋亦大可耻也。"

在抗战爆发前的10余年间，竺可桢靠着水滴石穿的韧劲儿，不辞辛劳地在全国各地建立了40多个气象站和100多个雨量观测站，初步奠定了中国自己的气象观测网。

在此期间，国内新军阀混战不息，南京政府和各省当局没有多少心思用在建设上，竺可桢却在兵荒马乱中为中国的气象事业而奔走告急。

在此过程中，他又同帝国主义者的控制图谋进行了不屈不挠的斗争。竺可桢坚持全国所有气象电报都由中央气象台集中广播，并将原先用英国殖民者规定的英制记录改为国际通用标准。

1937年，竺可桢去香港出席远东气象会议，港督安排晚宴时竟然把中国代表安排在末席。竺可桢认为这是故意损害中国国格，是绝不能容忍的，于是便与另外两名中国代表一起愤然离席，以示抗议。

中华人民共和国成立后，竺可桢投入了很大的精力关注中国的农业生产，并想方设法利用气象学知识来增加粮食的产量。

1964 年，竺可桢写了一篇重要论文《论我国气候的特点及其与粮食生产的关系》，其中分析了光、温度、降雨等对粮食的影响，提出了发展农业生产的许多设想。毛泽东主席看到此文非常高兴，专门请竺可桢到中南海面谈，并对他说："你的文章写得好啊！我们有个农业八字宪法（土、肥、水、种、密、保、工、管），只管地。你的文章管了天，弥补了八字宪法的不足。"竺可桢回答说："天有不测风云，不大好管呢！"毛主席幽默地说："我们两个人分工合作，就把天地都管起来了！"

■ 治学严谨，一代宗师

竺可桢做事一丝不苟，喜欢事事躬亲。抗战期间，浙江大学几次迁移，虽条件极其艰苦，但每到一地竺可桢总不忘收集资料，开展科研。学生们都知道，竺校长随身总带着 4 件宝：照相机、高度表、气温表和罗盘。

甚至在 71 岁时，竺可桢还参加了南水北调的考察队，登上海拔 4000 多米的阿坝高原，下到险峻的雅砻江峡谷，亲自进行实地考察。他严谨的学风，深受广大学者推崇。

竺可桢秉性温和，做事勤勤恳恳，有一种常人难以想象的毅力和韧劲。他年轻时即掌握了英、法、德 3 种外语。新中国成立后，年过 60 的竺可桢根据工作需要，又开始学习俄语，一直坚持到 70 岁，终于能阅读俄文资料了。

从 1917 年在哈佛大学读书时开始，竺可桢就养成了记日记的习惯，其中主要记录了气象研究的各种资料。由于战乱，只留下了 1936 年到 1974 年 2 月 6 日的日记，共计 38 年 37 天，其间竟然一天都未间断！这些日记页页蝇头小楷，一笔不苟，共计 800 多万字，令人叹为观止。直到他去世前一天，还用颤抖的笔在日记本上记下了当天的气温、风力等数据。竺可桢严谨的治学态度和科学精神让他成为中国气象和地理学界公认的一代宗师。

茅以升——中国现代"桥梁之父"

桥梁之父茅以升

茅以升(1896—1989),字唐臣,江苏镇江人。著名结构力学家、桥梁专家、科普教育家。曾任全国政协副主席,九三学社中央名誉主席,铁道科学研究院院长、研究员。著有《武汉长江大桥》《钱塘江桥》《中国的古桥与新桥》,主编《中国古桥技术史》,有《茅以升文集》。

从小立志

南京秦淮河上的文德桥,曾是古代最繁华的地方。自清末以来,秦淮河上每年端午节都要举行龙舟竞渡。

有一年端午节的前一天,几个小伙伴来茅以升家约他第二天一起去秦淮河看龙舟竞渡。不巧的是,第二天茅以升胃疼得厉害,不能去了。只好请小伙伴们看完以后,再把赛龙舟的情况告诉他。

当天,观看龙舟竞渡的场面壮观,人山人海,河岸边被挤得水泄不通,不论大人小孩,都穿戴得整整齐齐,个个光鲜亮丽。大家都想占据一个能看得清楚的地方,而文德桥上便是最理想的选择。当龙舟从文德桥下划过时,数百人同时拥向文德桥。只听"哗啦"一声响,桥塌了,许多人都摔到桥下去了。

文德桥原本是一座比较古老的桥,因年久失修,突然又遇到重力的挤压,于是便倒塌了。有些识水性的人连忙下水救人,赛龙舟的人也放弃了竞赛,参加救援,这起出人意料的重大事故震动全城。

也许是受此事影响,茅以升决定学习土木工程,特别是学造桥。这一从小立下的志愿,促使茅以升终身为之奋斗,并因此成就了丰功伟绩。

■ 为阻战火，挥泪炸桥

钱塘江大桥是我国自行设计建造的第一座既高又长的铁路、公路和行人三用的两层大桥。

1933 年 8 月，茅以升受命来到杭州，为祖国建造新桥，这也是他多年的心愿。

钱塘江水深，流沙厚，古称"无底"，江面水流汹涌，波涛险恶，冲刷力大；加之建桥经费有限，施工期限紧迫，因此，必须把能同时动工的、上下有关的工程，配套联成"系统工程"，同时动手，一气呵成。

在建桥的这两年半时间里，茅以升为了监督工程的进度，经常同工程技术人员一起，通过他发明的"沉箱法"下水去实地调查，以便及时修正施工规划方案。

一次，茅以升下到水深 30 多米的沉箱里，突然电源被关闭了，他只好和工人一起呆在箱子里。虽然大家很沉着，但当时还弄不清楚原因是什么。当茅以升从沉箱中上来时，他这才发现整座大桥上只有一个管电闸的师傅，原来他们下水后日军飞机就开始空袭，正是这位师傅及时关闭电源，才挽救了茅以升和几十位工程技术人员的生命。

1937 年 9 月 26 日，火车像巨龙般驶过钱塘江大桥，11 月 17 日公路桥通车，"人们可以双脚跨过钱塘江了"这真是万人空巷，额手称庆的大好事。然而此时正值日寇入侵，战火已经蔓延至浙江，黑暗像笼纱似的把钱塘江桥两岸蒙住。难道历经千辛万苦造好的桥，要留下为敌人的入侵提供有利条件吗？不能，绝不能！茅以升站在桥畔的山头，往事浮现，悲愤交加。他噙着一汪泪水，要亲手将自己建造的大桥炸毁。

12 月 23 日，随着"轰"的一声巨响，已建成的钱塘江大桥被炸断了！

1945 年抗战胜利后，茅以升只身飞沪赴杭，投入到大桥抢修的工作中。1949 年 5 月，杭州解放，茅以升又来到杭州，翻修大桥。我国自行设计制造的大桥历经战火，终于又傲然屹立于钱塘江上了。

梁思成——中国建筑学的奠基人

梁思成（1901—1972），著名建筑学家和建筑教育家。毕生从事中国古代建筑的研究和建筑教育事业。系统地调查、整理、研究了中国古代建筑的历史和理论，是研究"中国建筑历史的宗师"。他培养了大批建筑人才，以严谨、勤奋的学风著称。他曾参加人民英雄纪念碑等的设计工作，努力探索中国建筑的创作道路。还提出文物建筑保护的理论和方法，在建筑学方面贡献突出。

中国建筑学的奠基人——梁思成

■ 为古建筑奔走呼喊

1944 年，美国空军开始对日本本土进行规模空前的大轰炸，到 1945 年，日本已有 199 座城市遭到轰炸，城市建筑被毁率平均达 40% 以上，最高达 90%。

但是唯有日本古都京都和奈良是个例外。

30 多年后，奈良因其众多保存完好的古代建筑以及占全日本十分之一的"国宝"级文物，被评为世界历史文化名城。

只是很少有人知道这个使京都、奈良免受轰炸而幸存的人，就是对东方古建筑有着特殊感情的梁思成。

1944 年，时任中国战区文物保护委员会副主任的梁思成，在奉命向美军提供中国日占区需要保护的文物清单和地图时，另外加上了两个不属于中国的城市——日本的京都和奈良。他把这两个城市的古迹尽可能详尽地标注出来，并以自己的专业精神说服了美军司令。而在此前，梁思成一家已有两名亲属牺牲在抗日前线。

"要是从我的个人情感出发，我是恨不得炸沉日本的，但建筑绝不是某一民族的，而是全人类文明的结晶。"

正是怀着这样的信仰和热爱，才会有这样震撼心灵的以德报怨。

也正是由于这样的一生执念，当 20 世纪 50 年代北京城陷入了大拆大建的热潮中时，梁思成为了挽救四朝古都的古代建筑不因政治因素而毁于一旦，一次又一次秉笔直书。

然而，轰隆隆的铲车声、一下下沉闷的大锤声还是淹没了梁思成的呼喊，古迹一点点消失，迎接他的是默默的悲苦："拆掉北京的一座城楼，就像割掉我的一块肉；扒掉北京的一段城墙，就像割掉我的一层皮！"

童第周
——『克隆技术的先驱』

▲
克隆技术先驱——童第周

箴言

应该记住，我们的事业，需要的是手，而不是嘴。

童第周（1902—1979），字蔚孙，浙江鄞县人。我国著名的生物学家和优秀的教育家、社会活动家，卓越的实验胚胎学家，是我国实验胚胎学的主要创始人。他系统研究了文昌鱼的卵子发育规律，为进一步确定文昌鱼在动物学上的位置提供了重要证据，丰富了实验胚胎学理论。他领导的研究工作在国内外的同类研究中居于的先进行列，在实验胚胎学和发育生物学研究方面，取得了创造性的成果。

■ 良好的家庭环境

1902 年 5 月 28 日，童第周出生在浙江省宁波市鄞州区塘溪镇童家岙，这里山峦叠嶂，绿水环绕，满目葱茏。早在古代，小山村里知书达理和学而优则仕就蔚然成风。据说，从宋至清，这一地区共出了 6 名状元、1000 多名进士、数千名举人。由此可见此地诗书礼仪之风鼎盛、崇学重教由来已久，并深入人心。

童第周的父亲重视自己的学习，更重视对儿女们的诗书教化和知识启蒙，他还创办了小山村里第一所私塾，造福于后代。

父亲去世后，童家兄弟一个个相承接力，循环资助，培养自己的兄弟成才，一时成为乡里的美谈。不得不说这一切都是童第周父亲的功劳，他很有远见，注重对孩子们的教育，使孩子们懂得学习的重要性。

■ 滴水穿石

一天，童第周发现屋檐下的石阶上整整齐齐地排列着一行小坑，他觉得十分奇怪，琢磨半天也弄不明白是怎么回事，便去问父亲："那屋檐下石板上的小坑是谁敲出来的？是做什么用的呀？"父亲看到儿子好奇心这么强，高兴地说："这不是人凿的，是檐头水滴下来敲出的小坑。"小童第周更奇怪了，水滴居然还能把坚硬的石头敲出坑？父亲耐心地解释说："一滴水当然敲不出坑，但是天长日久，点点滴滴不断地敲，不但能敲出坑，还能敲出一个洞呢！古人不是常说'滴水穿石'嘛！其实就是这个道理。"

父亲的一席话，在小童第周的心里激起了阵阵涟漪。他坐在屋檐下的石阶上，望着父亲，似懂非懂地点了点头。

后来，由于农活比较多，童第周对学习逐渐失去了兴趣，不想继续读书了。父亲耐心地开导童第周说："你还记得'滴水穿石'的故事吗？小小的檐水只要常年坚持不懈，就能把坚硬的石头敲穿。难道一个人的恒心还不如那檐水吗？学知识也要靠一点一滴的积累，这样坚持下去才能获得成功。"

为了更好地鼓励童第周，父亲书写了"滴水穿石"4个大字赠给他，并充满期望地对他说："你要把它作为座右铭，永志不忘。"

此后，童第周用他的实际行动诠释了他对"滴水穿石"的理解。在将近50年的科学研究中，他一直致力于实验胚胎学、细胞生物学、发育生物学等领域的研究，是中国实验胚胎学研究的创始人之一。

■ 体细胞核克隆黑斑蛙成功

在体细胞核移植克隆两栖类动物的研究中，实验生物学家童第周做出了杰出的贡献。

1978年，他采用黑斑蛙的红细胞作为核供体细胞，同时，取黑斑蛙未受精卵，去核，然后通过显微手术将红细胞核取出，并移植到去核卵中，核分裂后，经发育而成黑斑蛙蝌蚪。

红细胞是高度特化的体细胞，功能高度专一，主要是运用它的血红蛋白来运载交换氧气和二氧化碳。红细胞的核不分裂，也检测不出其代谢活动，它是由骨髓造血干细胞分裂和分化而来的。而两栖类的红细胞虽已高度分化，但它仍然携带着完整的基因组。

童第周的研究证明：两栖类红细胞核在适合的条件下也可发生分化的逆转而全面表达。这项工作进一步证实了约翰·格登先前用一个成熟细胞克隆出爪蟾蝌蚪的成果，并证明不同的体细胞具有同样的遗传功能。

科学研究的每一步都充满着智慧和艰辛，也都为后继的研究开辟道路、奠定基础。没有格登、童第周在体细胞核移植克隆两栖类动物的成功，伊恩·威尔穆特要一下子用体细胞核移植成功克隆哺乳动物绵羊"多利"是很困难的。

利用成年动物体细胞克隆成功的第一个生命——多利

周培源——泱泱大师，铮铮风骨

箴言

在人生的殿堂里，只有勤奋学习，勇于开拓创新，才能叩开成功的大门。

周培源（1902—1993），江苏宜兴人。著名流体力学家、理论物理学家、教育家和社会活动家。他是中国科学院院士，我国近代力学奠基人和理论物理奠基人之一。1926年获美国芝加哥大学硕士学位，1928年获加利福尼亚理工学院博士学位。

▲ 周培源与妻子的结婚照

热血男儿，报效国家

1945年年底，美国国防委员会战时科学研究与发展局工作结束，大部分科研人员都被美国海军部留下从事鱼雷空投入水研究，并成立海军军工试验站。此时的周培源也应邀留在核试验站，年薪高达6千多美元（相当于20世纪80年代末的6万多美元）。由于该试验站是美国政府的科研机构，应聘人员要有美国国籍。为此，周培源当时明确提出：第一，不做美国公民；第二，只能担任临时性的职务；第三，明年7月要代表中国学术团体去欧洲参加国际会议，因此只能工作到明年6月末。他的这3个条件都被美方接受。1946年7月，周培源准时离职赴欧，并于1946年10月由欧洲返回美国，1947年2月全家乘船离开旧金山前往上海。

此时，国民党已全面发动内战，其统治区域内政治腐败、通货膨胀，人民苦不堪言，政权即将崩溃。因此国内外的不少朋友在得知周培源全家要回国时，都劝他不要回国。可周培源当时的想法是："我虽然不了解共产党的政策，但共产党人也是中国人，共产党在延安时期的政绩就有很高的声誉，而且我是由清华大学派送去美国进行科学研究的，所以我一定要回到清华大学工作。"

那个时候，清华大学教授的月薪仅仅相当于25美元。周培源丝毫不留恋美国的优厚待遇和良好的工作条件，他也不相信国内外敌对势力对中国共产党的种种不实宣传，他带着一颗坚定的报效中华的心，毅然带领全家于1947年4月回到北平。

■ 独立思考，实事求是

周培源为人正直，作风正派，从不阿谀奉承，投机取巧。在任何时候、任何情况下，不管来头多大、压力多大，他都从来不说违心的话、不做违心的事。

1958年"大跃进"时，共产风、浮夸风刮遍全国，一些想法和做法都很荒谬，有的人还不顾事实地宣传粮食亩产几千斤、几万斤等。周培源认为这些都是不符合科学实际的，他从来都不附和。

"文化大革命"期间，"中央文革小组"组长陈伯达为了抢夺"科学革命的旗手"，提出要组织批判爱因斯坦的相对论。他特地跑到北京大学找到周培源，要求他参加批判，并要召开万人大会，开展"打倒爱因斯坦"的荒谬活动。

周培源对于这位不速之客非常冷淡，并明确指出："爱因斯坦的狭义相对论批不倒，爱因斯坦的广义相对论在学术上有争论。"他把陈伯达顶了回去，一点不留情面，更无丝毫迎合之举。陈伯达刮起一阵"打倒爱因斯坦"的黑风后，周培源从科学实际出发，不畏权势和巨大压力，不随波逐流，坚持科学真理，旗帜鲜明地指出爱因斯坦是打不倒的。

"文化大革命"期间，"四人帮"曾刮起一阵取消基础理论研究的歪风。周培源根据科学技术发展的规律，从国家近期和长远利益的综合考虑出发，态度坚决地表明应坚持基础理论研究。

后来，周培源写了一篇5000多字的文章，阐述了基础理论的教学和研究的必要性与重要性，并于1972年10月6日在《光明日报》上发表。同时他还给周恩来总理写了一封信，提出加强基础理论研究的3点建议。周总理在这封信上做了重要批示，指出基础理论研究很重要，并告诫人们对于基础理论研究重要性的认识不要像浮云一样，一吹就过去了。

数十年来，周培源始终信奉这样一句格言，那就是：独立思考，实事求是，锲而不舍，以勤补拙。

苏步青——东方第一几何学家

■ 转变，就从这一堂课开始

1902年9月，苏步青出生在浙江雁荡山山区的一个农民家庭，家境清贫。他从小就在田里劳动，放牛、割草、犁地，什么都干。年幼的他求知欲极强，村里一户有钱人家请了家庭教师，教孩子读书。苏步青一有空就到人家窗外听讲，还随手写写画画。想不到，那家的孩子学习没什么长进，苏步青却长了不少学问。叔叔见他如此好学，便自己出资，送他去读书。

读初中时，苏步青对数学还没什么兴趣。可是，后来的一堂课却改变了他的志向，引领他进入了神秘的数学王国。

那是苏步青在浙江省立十中念初三时，学校来了一位教数学的杨老师，第一堂课杨老师没有讲数学，而是先讲国际形势。他说："当今世界，弱肉强食，世界列强依仗船坚炮利，都想蚕食瓜分中国。中国亡国灭种的危险迫在眉睫，振兴科学，发展实业，救亡图存，在此一举。天下兴亡，匹夫有责，在座的每一位同学都应有责任啊！"随后，杨老师讲述了数学在现代科学技术发展中的巨大作用——"为了救亡图存，必须振兴科学，而数学是科学的开路先锋，为了发展科学，必须学好数学。"

当天晚上，苏步青辗转反侧，科技报国的志愿让他热血沸腾。之后在杨老师的影响下，苏步青的兴趣从文学转向了数学，并从此立下了"读书不忘救国，救国不忘读书"的座右铭。不论严寒酷暑、霜晨雪夜，苏步青都潜心读书、思考、解题、演算，四年中演算了上万道数学习题。当时在数学上崭露头角的苏步青，引起了校长洪彦元的关注。1919年，在当时已调任的洪校长的资助下，苏步青只身前往日本留学。为国争光的信念促使苏步青踏入数学的研究领域，并在微分几何方面取得了令人瞩目的成果。

箴言

为学应须毕生力，攀高贵在少年时。

苏步青（1902—2003），字云亭，原名尚龙（讹作尚良），著名数学家、教育家、诗人，国际公认的几何学权威，中国微分几何学派创始人，被国际上誉为"东方国度上灿烂的数学明星"与"东方第一几何学家"。

■ 春风化雨，桃李芬芳

苏步青是世界级的大数学家，一生专注于几何。在他之前，中国尚无微分几何这门学科。1931年3月，应著名数学家陈建功之约，苏步青放弃国外的优厚待遇，毅然回国，任教于浙江大学。回国之后，面对科研和生活的窘境，苏步青甘之若饴，他说："吃苦算得了什么，我心甘情愿，因为我选择了一条正确的道路，这是一条爱国的光明之路。"他和陈建功一起创立的微分几何这门学科，填补了我国高校学科的一个空白。

苏步青一生笔耕不辍，著述等身，单几何专著就出版了12本，许多在国外被翻译出版。其成果被世人称为"苏氏定理""苏氏曲线""苏氏锥面""苏氏二次曲面"等。

苏步青七十余年的春风化雨，终于桃李满天下，栋梁架人间。著名的数学家谷超豪、熊全治、张素诚、白正国等都是他的学生。

苏步青对学生的要求非常严格。在浙大时，一天夜里，一名学生匆匆来到苏步青家里，因担心第二天研讨班的报告过不了关特来请教苏教授。可学生话音未落，苏步青就板起面孔训道："你怎么不早点来，临时抱佛脚，还能有个好！"这名学生满脸通红，一声不吭，回到宿舍，干了一个通宵。第二天的报告总算过关了。这名学生后来到了美国成了名教授，他就是熊全治。熊全治直到四十多年后回国探望苏老时，还感慨地说："当年多亏了先生的一顿痛骂。"

苏步青对自己的要求更严。微分几何是他的专长，教了几十年，早已烂熟于心，但他每教一遍，都要重新备课，一方面把国际研究新成果写进教案，另一方面吸取学生意见，改进教法，提高教学质量。

"毕生事业一教鞭"，这是苏步青先生对自己一生成就的极谦逊的评价。图为其学生谷超豪先生1959年在莫斯科大学作博士论文答辩时的珍贵留影

扩展阅读

▶ 中国科学院院士谷超豪、胡和生夫妇也是苏步青的学生。作为苏步青最得意的学生，谷超豪在微分几何、偏微分方程和数学物理等方面都有突出的研究成果。2009年8月6日，一颗小行星被命名为"谷超豪星"，这是对这位杰出数学家的褒扬。

华罗庚——初中毕业的数学家

华罗庚（1910—1985），江苏金坛人。著名数学家，中国科学院院士。主要著作有《堆垒素数论》《数论导引》《高等数学论》《典型群》等。他为中国数学的发展做出了无与伦比的贡献，被誉为"中国现代数学之父"。

箴言

锦城虽乐，不如回故乡；乐园虽好，非久留之地。归去来兮。

华罗庚是中国在世界上最有影响力的数学家之一

■ 酷爱数学的穷小子

华罗庚儿时是个调皮、贪玩的孩子，但他很有数学天分。遗憾的是，这个聪明的孩子在读完中学后，因为家里贫穷交不起学费，便辍学了。辍学后的他回到家里，在自家的小杂货店，卖点香烟、针线之类的东西，帮父亲挑起了养家的重担。然而，华罗庚对数学的热情并没有减退。不能上学，他就想办法自学。

■ 报效祖国

1936年，经熊庆来教授推荐，华罗庚前往英国剑桥大学留学。

20世纪声名显赫的数学家哈代，早就听说华罗庚才华出众，他对华罗庚说："你可以在两年之内获得博士学位。"可是华罗庚却回答说："我不想获得博士学位，我只要求做一个访问者。我来剑桥是求学问的，不是为了学位。"

两年中，华罗庚集中精力研究堆垒素数论，并就华林问题、他利问题、奇数哥德巴赫问题发表了 18 篇论文，得出了著名的"华氏定理"，向全世界显示了中国数学家出众的智慧与能力。

1946 年，华罗庚应邀去美国讲学，并被伊利诺伊大学高薪聘为终身教授，他的家属也随同到美国定居。华罗庚有了洋房和汽车，生活十分优裕，当时不少人认为华罗庚是不会回来了。

1949 年新中国的诞生，牵动着身居海外的华罗庚的心。1950 年，他毅然放弃在美国的优裕生活，回到了祖国，而且还给留美的中国学生写了一封公开信，动员大家回国参加社会主义建设。他在信中坦露出了一颗热爱中华的赤子之心，虽然数学没有国界，但数学家却有自己的祖国。

从初中毕业生到人民数学家，华罗庚走过了一条曲折而辉煌的人生道路，为祖国争得了极大的荣誉。

■ 巧对对联

在我国的众多科学家中，博学多才、触类旁通者实在不乏其人，杰出的数学家华罗庚便是其中之一。他不仅在数学的诸多领域中做出了重大贡献，而且在文学上也有很高的造诣。

新中国成立初期，我国著名科学家钱三强、赵九章带领中国科学家代表团到国外交流访问。在飞机上，华罗庚以钱三强的名字为题，给大家出了一副上联，向大家索对下联，上联是："三强：赵、魏、韩"。这真是一副妙联，"三强"既指钱三强的名字，又延伸出春秋战国时七雄中的 3 个强国。上联出得巧妙风趣，寓意自然贴切。

大家想了一会儿，一时谁也对不出下联。无奈，钱三强便向华罗庚请教。华罗庚不慌不忙地看了赵九章一眼，笑着吟出了下联："九章：勾、股、弦"。下联一出，立刻博得了大家一片喝彩声。

这是一副绝妙的嵌名联，在短短的 10 个字内镶嵌了两个人的名字，一个是（赵）九章，一个是（钱）三强，而"九章"又指我国古代算经十书中最重要的一部《九章算术》，这部书里提出了著名的"勾股弦"定理。全联对仗工整，采用"一语双关"的修辞手法，既有深意又十分风趣，也很有现场感。对此，众科学家们幽默地说："真是三句话离不开本行，数学家对对联也离不开数学。"

钱学森——享誉世界的『中国航天之父』

箴言

> 我的事业在中国，我的成就在中国，我的归宿在中国。

钱学森（1911—2009），浙江省杭州市人。中国共产党的优秀党员、忠诚的共产主义战士、享誉海内外的杰出科学家和中国航天事业的奠基人，中国两弹一星功勋奖章获得者之一。曾任美国麻省理工学院教授、加州理工学院教授，曾担任中国人民政治协商会议第六、七、八届全国委员会副主席，中国科学技术协会名誉主席等重要职务。

钱学森先生回国时与他的夫人和孩子们在船上的合影

■ 冲破阻力回祖国

钱学森祖籍杭州，1911 年 12 月生于上海。1935 年自上海交通大学毕业后，他考取清华大学公费留美生，学习航空工程和空气动力学。1947 年被麻省理工学院提升为终身正教授，时年仅 36 岁。

钱学森在美国的 20 年间，成为世界上年轻的优秀科学家，受到了美国科学技术界、军事科学界、教育界的重视，并予以极高的荣誉和待遇。美国作家维奥斯特称钱学森是"帮助美国成为世界第一流军事强国的科学家银河中一颗明亮的星"。

然而，钱学森是一位杰出的科学家，更是一位赤城的爱国人士。从出国那一天起，他就抱定了回国的信念。1949 年，新中国成立了，钱学森当即决定返回祖国，参加新中国的建设。

1950 年夏，正当钱学森一家买好飞机票准备回国的时候，却受到了美国麦卡锡主义者的残酷迫害，他们诬陷他是美国共产党员，因而扣留全部书箱，并非法拘禁他 5 年之久。其实，这是因为美国当局感到钱学森是一种力量、一种威胁。1950 年 10 月—1955 年 8 月，经过中国政府和全国科学工作者的抗议、呼吁与斗争，特别是在日内瓦中美大使级会议上，王炳南大使按照

周恩来总理的授意，与美国展开多方交涉，才终于让美方被迫让步，允许钱学森离美回国。

1955 年 10 月 8 日，钱学森一家搭乘"克利夫兰总统"号邮船，抵达九龙。然后，转乘火车，最终经罗湖桥踏入中国的南大门。

一穷二白创奇迹

20 世纪五六十年代中华人民共和国刚成立不久，中国的工业化正在开展，国力不强，科研力量薄弱，条件很艰苦，科学家搞科研在当时是真正的白手起家，是真正的创业。

1956 年 10 月，我国的第一个导弹技术研究院——国防部第五研究院成立，钱学森任院长。当时，在一无资料，二无技术，经济基础薄弱，外国专家撤走的情况下，钱学森同中国科学人士克服了重重困难，创造出令世人瞩目的奇迹。钱学森提出要发展火箭喷气技术（即导弹技术）的想法，并亲自起草和制定了关于火箭喷气技术的研究方案，他说："我是要建议我们国家搞导弹，这是很重要的军事武器，将来一定要大发展！"在 1956—1968 年短短的 12 年间，新中国取得了进入世界军事强国行列的入场券，令世人刮目相看。

晚年的钱学森被选为中国科学技术协会主席，肩负起领导全国各自然科学学会的协作、协调工作，继续推动着中国科学技术总水平的不断提高。钱学森也因此而被誉为"中国航天之父"。

人民科学家

年轻时的钱学森不迷信权威，曾经与老师争论得面红耳赤；当他成为权威时，面对年轻大学生提出的正确意见，他也欣然接受，并立即在讲义上做出修改。他经常对人说，我在北京师大附中读书时算是好学生，但每次考试也就 80 多分；我考取上海交大，并不是第一名，而是第三名；在美国的博士口试成绩也不是第一等，而是第二等。

从一名爱国青年成长为一名著名的科学家，从一名科研工作者升华为一名坚定的马克思主义者，钱学森在不懈的科学追求中，实现了人生的一大跨跃。

"我本人只是沧海之一粟，渺小得很。真正伟大的是中国人民，是中国共产党，是中华人民共和国！"这是钱学森——一位人民科学家的真诚心声。

钱学森于 2007 年获得"感动中国年度人物"，感动中国推选委员陈章良在推荐钱学森时写道："他不仅以自己严谨和勤奋的科学态度在航天领域为人类的进步做出卓越的贡献，更以淡泊名利和率真的人生态度诠释了一个科学家的人格本质。"

"万能科学家"

1912 年，钱伟长出生于江苏无锡一个国学底蕴深厚、推崇新学的诗书家庭。

13 岁时，他先后就读于县立初中、国学专修学校（苏州大学前身）。父亲病逝后，他便随叔父钱穆到苏州读高中。18 岁那年高考，他被清华大学、交通大学、浙江大学、武汉大学以及中央大学五所名牌大学同时录取。1935 年，他考取清华大学研究院，并跟随导师做光谱分析。

1940 年，钱伟长远赴加拿大多伦多大学学习，并用 50 天时间完成论文《弹性板壳的内禀理论》。爱因斯坦看完他的论文后，顿时感叹："这位中国青年解决了困扰我多年的问题。"1942 年，钱伟长与钱学森、林家翘等一起，专门从事航空航天领域的博士后研究工作，并发表了世界上第一篇关于"奇异摄动"的理论，被国际上公认为是该领域的奠基人。

1948 年，钱伟长受邀准备去美国进行喷射试验以推进研究工作，但因其拒绝忠于美国，未获得签证，最终未能成行。这期间，他参与创建了北京大学力学系——开创了我国大学里第一个力学专业，还出版了中国第一本《弹性力学》专著，为我国的机械工业、土木建筑、航天航空和军工事业建立了不朽的功勋，被后世称为中国近代"力学之父""应用数学之父"。

箴言

先天下之忧而忧，后天下之乐而乐；要为祖国和人民的忧而忧，为祖国和人民的乐而乐。

钱伟长（1912—2010），江苏无锡人，中国近代力学之父，世界著名的力学科学家、高等教育家。与钱学森、钱三强被周总理合称为"三钱"，在学术界被誉为"万能科学家"。

钱伟长——『万能科学家』

正在图书室查阅相关资料的钱伟长

1956 年，钱伟长与钱学森、钱三强一起，被周恩来总理称为中国科技界的"三钱"，并被任命为清华大学副校长。1957 年中国力学学会成立，钱伟长又担任起副理事长一职。

1957 至 1976 年，受当时国内政治环境影响，钱伟长虽然没能够发表文章，但仍从事飞机颤振、潜艇龙骨设计、化工管板设计、氧气顶吹的转炉炉盖设计、大型电机零件设计、高能电池、三角级数求和以及变分原理中拉格朗日乘子法的研究。

1977 至 1990 年，钱伟长从事环壳理论、广义变分原理、有限元、中文信息处理、薄极大挠度、管板、断裂力学、加筋壳、穿甲力学、三角级数求和等方面的研究，并取得了令人瞩目的成绩，最终在学术界赢得了"万能科学家"的美誉。

"我是忠于我的祖国的"

钱伟长从 1942 年起就在美国加州理工学院和喷射推进研究所进行航空航天领域研究，抗日战争胜利后的次年（1946 年），他即向导师要求回国，但未被放行。后经他多次请求，终于以"久离家园、怀念亲人"为由，取得回国权。1946 年 8 月，钱伟长终于回到阔别 8 年的北京清华园，在母校当了一名普通的教授。

之后，钱伟长曾多次深情地回忆："回国之前，我在美国的年收入是 8 万美金。当时美国特区的研究所还希望我回去。我当然不想回去，可是那时的艰苦让我的生活与科研都发生极大的困难。于是要到美国大使馆签证，可是最后一条我实在填不下去了，因为上面写着中国和美国打仗的时候，您忠于中国还是美国？我当然忠于中国了，我是中国人，怎么能忠于美国？我就填了一个 NO。结果就因为这个，他们不让我去了。"

"这一点是毫不犹豫的，我是忠于我的祖国的。"钱伟长随后反复强调。

此外，在建国后的 1972 年，钱伟长由周恩来总理亲自点名，参加科学家代表团访问英国、瑞典、加拿大和美国。但当时很多人不相信钱伟长对祖国的忠诚，代表团团长表示不能保证他出国后不逃走。于是周恩来撤换了团长，但新团长仍然不同意钱伟长出访。直到临行前一天钱伟长都不知道出访的事。还是周恩来派秘书找到在首钢劳动的钱伟长，给他换了衣服、鞋子，钱伟长才得以出访。

后来，钱伟长经常对自己的学生讲到："先天下之忧而忧，后天下之乐而乐；要为祖国和人民的忧而忧，为祖国和人民的乐而乐。"

钱三强——中国原子能科学之父

■ "三强"之名的由来

钱三强原名钱秉穹，而他改名为"三强"还有一个有趣的故事。

钱三强出生在浙江的一个书香世家，他的父亲钱玄同是著名的语言文字学家。他7岁时，父亲送他进了由蔡元培、李石曾等北京大学教授创办的孔德学校学习。

在孔德学校，钱三强是一个兴趣广泛的学生，刚进初中就成了篮球队的队员。一次，一个瘦弱的同学给他写了封信，信中称当时还叫"秉穹"的钱三强为"三强"。而这封信恰巧被父亲钱玄同看见了。

钱玄同好奇地问道："你的同学为什么叫你'三强'呀？"

他回答道："因为我排行老三，喜欢运动，身体强壮，所以大家都叫我'三强'。"

钱玄同一听，连声叫好，说道："我看这个名字起得好，但不能光是身体强壮，'三强'还可以解释为立志争取德、智、体都进步。"

于是，在父亲钱玄同的支持下，"钱秉穹"就正式改名为"钱三强"了。

■ 中国的居里夫妇

1929年，钱三强考入了北京大学理科预科，后又报考了清华大学物理系，师从吴有训教授。

箴言

古今中外，凡成就事业，对人类有作为的无一不是脚踏实地、艰苦攀登的结果。

○ 钱三强（1913—1992），原名钱秉穹，浙江吴兴（今湖州）人。中国著名的核物理学家。他在"核裂变"方面成绩突出，是中国发展核武器的组织协调者和总设计师，是中国原子能科学事业的创始人。他与钱学森、钱伟长被周总理合称为"三钱"，是中国"两弹一星"突出贡献者，被誉为"中国原子能科学之父""中国原子弹之父"。

▲ 1948年，钱三强和夫人何泽慧抱着刚半岁的女儿在回中国的途中

1936年，钱三强以优异的成绩毕业后，来到北平研究院物理研究所从事分子光谱方面的研究工作。物理研究所所长、著名的物理学家严济慈很看好这个年轻人，在他的引荐下，钱三强于1937年赴法国攻读博士学位，从事原子核物理方面的研究。而他的导师正是居里夫人的女儿、诺贝尔奖获得者伊雷娜·约里奥-居里及其丈夫弗雷德里克·约里奥-居里。

1946年，钱三强与清华大学的同学何泽慧在巴黎结婚。婚后二人一同在法兰西学院原子核化学实验室及巴黎大学镭学研究所居里实验室合作研究，并在研究铀核三裂变中取得了突破性成果。

1948年，钱三强夫妇回国，为中国原子弹的研制和原子能科学事业的发展做出了巨大贡献。

钱三强与妻子何泽慧是第二代居里夫妇的学生，又在原子核物理学方面有着突出成果，因此有着"中国的居里夫妇"的美誉。

■ 报效祖国

在法国，钱三强获得了法国物理学奖，并被吸收为国家科研中心研究员。但优越的工作和生活条件并没有打动钱三强，1948年夏，钱三强夫妇带着丰硕的科研成果，毅然地踏上了回国之路，开启了他报效祖国的新征程。

钱三强在回国后为开拓中国的原子能事业做出了巨大贡献。他担任起中科院近代物理所（后为原子能所）所长职务，领导建成了中国第一个重水型原子反应堆和第一台回旋加速器，使我国的堆物理、堆工程技术、放射性同位素制备等尖端科研都开展起来。同时，他还协助北京大学、清华大学、中国科技大学建立起技术物理系、原子核物理系等，为中国核科学和核工业的人才培养奠定了坚实的基础。

当苏联在1960年停止对中国的原子技术援助后，钱三强迅速调集一批优秀科研专家，直接负责原子研究的技术攻关，并为氢弹研制做理论准备。在他和众多科研工作者的共同努力下，1964年中国第一颗原子弹爆炸成功，1967年氢弹又爆炸成功。

钱三强回忆起这段岁月时曾说："曾经以为是艰难困苦的关头，却成了中国人干得最欢、最带劲、最舒坦的黄金时代。"

1992年，钱三强因病去世，终年79岁。国庆50周年前夕，中共中央、国务院、中央军委向钱三强追授了"两弹一星功勋奖章"，以表彰这位科学泰斗为国家做出的巨大贡献。

吴阶平——中国医学界的泰斗

吴阶平是我国著名的泌尿外科医学家，可谓是把自己的一辈子交给了他所热爱的医学事业的人。他曾坦率地说："我从来没有想过不做医生而去从事其他职业，我很早就决定做医生。当然，这应该说是我父亲的决定。"吴阶平的父亲认为做医生是一种既高尚又稳妥的职业，不管社会如何动乱，济世救人总是会受到人们的尊重。

1947 年，经著名泌尿科专家谢元甫教授推荐，从北平协和医学院毕业的吴阶平赴美国芝加哥大学进修，师从现代肿瘤内分泌奠基人哈金斯教授。哈金斯在看到吴阶平干脆利落地进行实验和手术时，惊呼道："你有几只手啊！"凭借非同一般的手术技术，吴阶平在美国落下了一个"三只手"的美誉。他还坦言，由于自己的手比一般人的小些，"开个小口就进去了"，所以特别适合做外科医生。

在吴阶平进修即将结束时，哈金斯许下优厚的待遇挽留吴阶平。而他却婉言谢绝，并赶在新中国成立前夕回到了祖国。

吴阶平回国后，在北京医学院就职，从事治病、教学和研究工作。1951 年，他率领医疗队参加朝鲜战争，在炮火中抢救伤员，荣立大功。之后，他曾担任中央多位高级领导人的医疗小组组长，还曾先后 11 次为 5 位国家元首进行治疗。

作为中国泌尿外科的开拓者，吴阶平在泌尿外科、男性计划生育等方面屡有创见，提出了肾上腺髓质增生等新概念，还设计了膀胱扩大术、输精管绝育法等，为我国泌尿外科事业的建设和发展做出了不可磨灭的贡献，被公认为学科带头人。

箴言

健康不是一切，但没有健康就没有一切。自我保健，是明天健康的方向。

吴阶平（1917—2011），江苏常州人。泌尿外科学家。1942 年毕业于协和医学院。历任北京医学院第一附属医院院长、教授，北京第二医院院长，中国医学科学院副院长、院长、名誉院长，中国协和医科大学校长、名誉校长，中华医学会会长。在肾结核对侧肾积水和肾上腺髓质增生研究中有独创性见解；创用输精管结扎并用精囊灌注术，增强了避孕效果。主编有《泌尿外科学》《泌尿外科进展》等。

邓稼先——中国核武器之父

一不为名，二不为利，但工作目标要奔世界先进水平。

邓稼先（1924—1986），安徽怀宁人。中国著名核物理学家。从1958年开始隐姓埋名28年，负责研究我国第一颗原子弹、氢弹，是我国核武器理论研究工作的奠基者和开拓者之一，被誉为"两弹元勋"。

■ 两弹元勋

1924年，邓稼先出生于安徽怀宁县一个书香门第之家。翌年，他随母亲到北京，在担任清华、北大哲学教授的父亲身边长大。

邓稼先5岁入小学，在父亲指点下打下了很好的中西文化基础。1935年，他考入中学，与比他高两班，同在清华大学院内的邻居杨振宁成为最好的朋友。

1945年抗战胜利时，邓稼先从西南联大毕业，在昆明参加了共产党的外围组织"民青"，投身于争取民主、反对国民党卖国独裁的斗争。第二年，他回到北平，受聘担任北京大学物理系助教，并在学生运动中担任了北大教职工联合会主席。抱着学更多本领以建设新中国之志，他于1947年通过了赴美研究生考试，于第二年秋进入美国印第安那州的普渡大学研究生院。由于他学习成绩突出，不足两年便读满学分，并通过了博士论文答辩。当时邓稼先只有26岁，人称"娃娃博士"。

1950年8月，邓稼先在美国获得博士学位9天后，便谢绝了恩师和同校好友的挽留，毅然决定回国。同年10月，邓稼先来到中国科学院近代物理研究所任研究员。

1958年秋，"二机部"副部长钱三强找到邓稼先，对他说国家要放一个"大炮仗"，征询他是否愿意参加这项必须严格保密的工作。邓稼先毫不犹豫地同意了。从此，邓稼先的名字便在刊物和对外联络中消失，他的身影只出现在严格警卫的深院和大漠戈壁。邓稼先不仅在秘密科研院所里费尽心血，还经常到飞沙走石的戈壁试验场进行科研试验。

1964 年 10 月，中国成功爆炸的第一颗原子弹，就是由邓稼先最后签字确定的设计方案。他还率领研究人员在成功爆炸后迅速进入爆炸现场采样，以证实效果。随后，他又同于敏等人投入到对氢弹的研究中。在他们的不懈努力下，终于研制成了氢弹，并于原子弹爆炸后的 2 年零 8 个月试验成功。这同法国用 8 年、美国用 7 年、苏联用 4 年的时间相比，创造了世界上最快的研制速度。

1972 年，邓稼先担任核武器研究院副院长，1979 年又任院长。1984 年，他在大漠深处指挥了中国第二代新式核武器的试验再次成功。

▲ 原子弹爆炸时会释放出巨大的能量

■ 以诚信交友

邓稼先是我国著名的科学家，在氢弹和原子弹的研制中担任着非常重要的职务。他和诺贝尔物理学奖获得者、美籍华人杨振宁从小就是好朋友。两人都很聪明，但是性格不同，杨振宁比较机灵，邓稼先沉稳老实。可是他们都很敬重对方，以对方为榜样互相学习。

长大以后，他们都在美国留学，并且都学习理论物理学，从事原子核物理研究。邓稼先毕业后不久返回祖国，支持祖国的科技建设，杨振宁则继续留在美国搞科学研究。

1971 年，杨振宁回国探亲，邓稼先到首都机场迎接分别了整整 20 年的老朋友，两人一见面就没完没了地聊了起来。由于邓稼先从事的工作都是国家机密，两人的谈话尽量不涉及这方面的问题。可是杨振宁很想知道邓稼先是否参与了原子弹的研究，于是就绕着弯子问他："听说中国研究原子弹的专家中有美国人，有这回事吗？"

这个问题让邓稼先很为难，如果回答说"没有"，就证明了自己很了解参加原子弹试验的成员，这实际上是承认自己也参与了原子弹的研制；如果回答说"不知道"，又是在欺骗老朋友。于是邓稼先想出一个既不泄密也不欺骗朋友的回答："以后有机会再告诉你吧。"

邓稼先向上级汇报了这个问题，在得到周总理的批准后，他这才如实地答复了老朋友的问题。

周光召——中国科技领军人

周光召，1929 生，湖南宁乡人。1947 年毕业于清华大学物理系，为当今著名科学家，世界公认的赝矢量流部分守恒定理的奠基人之一，"两弹一星功勋奖章"获得者，被誉为"中国科技领军人"。

▲ 演讲台上的周光召

■ "中国科技领军人"

1929 年，周光召出生于湖南宁乡，受身为大学教授的父亲的影响，他从小就对揭示大自然的奥秘产生了浓厚的兴趣。在进入重庆南开中学之后，周光召逐步展现了他对数学的热爱，独辟蹊径地解开一个又一个数学难题。

在北大研究院期间，周光召师从于理论物理学家彭桓武教授，进行基本粒子物理的研究。之后，他被国家遴选并派往苏联莫斯科杜布纳联合原子核研究所，从事高能物理、粒子物理等方面的研究工作。在此期间，周光召先后两次获得联合原子核研究所的科研奖金。

1958 年，周光召在国际上首次提出粒子的螺旋态振幅，并建立了相应的数学方法，被公认为赝矢量流部分守恒定理的奠基人之一。在中国第一颗原子弹和氢弹的理论设计中，周光召做出了不可磨灭的贡献，并因此获得"两弹一星功勋奖章"，被誉为"中国科技领军人"。

■ 献身祖国

20 世纪 60 年代，中苏关系破裂之后，正在苏联工作的周光召召集在苏的中国专家给第二机械工业部领导写信，表示愿意转行，投身国家最需要的工作。回国后，他便全身心地投入到研制原子弹的工作中去。

周光召一贯认为"科学是无国界的，但科学家却有自己的祖国"。他时常以这句话来勉励青年科技人员，就连接见中外记者采访时也不例外。有一次，周光召应邀赴美讲学，美国纽约市立大学授予他荣誉科学博士学位后，他对记者说："我认为这不仅是我个人的荣誉，也是中国科学家的荣誉，这表明中国科学家在近些年所做的努力已经开始在国际上得到了承认。"

袁隆平——杂交水稻之父

■ 搏击风浪

抗战初期，8岁的袁隆平随父母从汉口逃难来到湖南省桃源县。一天，四弟不小心将他从船头挤入滔滔江水中，幸好一位老船工及时搭救，袁隆平才捡回一条命。从那以后，袁隆平决心要像船工老伯那样学会"划水"，也能在水里救人。

后来，袁隆平一家又逃到重庆。夏天，袁隆平最惬意的事便是每天放学后去长江边上戏水。他先学狗刨式，再学蛙泳，很快就全都学会了，但他却总嫌速度不够快，不过瘾。要去救人，太慢了怎么行？几经苦练苦学，他终于能游得又快又好了，还学会了"自由式"。10岁还不到的一个孩子，竟胆大包天，敢于去横渡长江了！

1947年，袁隆平全家已经迁回汉口。那时湖北省举行了一场游泳比赛，他正在念高一，虽说十六七岁了，却个头瘦小、不显眼，体育老师不同意他参赛。他于是偷偷穿了运动服，搭了另一个参赛同学的自行车，巧妙地闯进赛场，竟一举获得汉口赛区男子自由泳第一名和全省男子自由泳第二名。

自此，袁隆平的"游兴"更浓，长盛不衰。在湖南安江农校教书期间，只要一有时间，他便泡进沅江；长住海南搞杂交稻育种繁殖的日子里，只要有时间，哪怕是深夜，他还要去大海的风浪中搏击一番……

箴言

依靠科学技术进步就能养活中国。

袁隆平，1930年出生于北京。江西德安人。1953年毕业于西南农学院农学系。1995年当选为中国工程院院士。袁隆平院士是我国杂交水稻研究领域的开创者和带头人，其杂交水稻研究成果获得我国迄今为止唯一的发明特等奖，并先后荣获联合国教科文组织、粮农组织等多项国际奖励。

知识更新

袁隆平特别喜欢读书，每次出差，当地的书店是他必定要去逛的。他晚上睡觉前也总要看看书，像是在用读书的方式催眠一样，看着看着便进入了梦乡。

袁隆平的外语功底扎实，除了儿时深受通晓英文的母亲的影响熏陶外，他本人的痴迷、勤奋及对语言的敏锐感知和驾驭的天赋，更是他成功的筹码。

在安江那个山寨小镇待了几十年之后，袁隆平的英文几乎丢光忘净了。为了知识更新和国际交流的需要，他决心重新把英文找回来。他挤出时间看书、查词典、听收音机、背英语单词，进行强化训练。他说他曾强迫自己每天背 100 个单词，这样，即使丢掉了一半，也还记下了四五十个。后来，他遍访数十个国家，无论是讲学、学术交流还是参观访问，从来都不依靠翻译。

一颗种子改变世界

袁隆平是新中国培养的第一代大学生，1953 年于西南农学院毕业后，被分配到偏远落后的湘西雪峰山麓安江农校教书。

1960 年，一场罕见的天灾降临中国。大饥荒夺去数千万人的生命。袁隆平亲眼目睹了这场灾难，严酷而沉痛的现实使他决意开始水稻高产育种的研究。

1964 年，袁隆平偶然发现了一株天然杂交水稻，优势非常强，这给了他很大的启发。

虽然当时的理论以及国际上的普遍观点都认为，水稻没有杂交优势。但是袁隆平和他的同行们并未放弃，他们经过艰难探索，用 9 年时间实现了"三系"配套，并选育了第一个在生产上大面积应用的强优高产杂交水稻组合——南优 2 号，它立刻显示了增产效应，亩产达到 623 千克，比常规稻单产增产 20% 左右。为此，袁隆平于 1981 年荣获我国第一个国家特等发明奖，被国际上誉为"杂交水稻之父"。

袁隆平致力于研究水稻杂交育种

位于厦门大学内的陈景润雕像
（摄影：David Chen）

陈景润——
"1+2" 引升的一颗巨星

■ 数学之星

　　少年陈景润酷爱数学，数学成绩在班里总是名列前茅。

　　有一次上数学课，老师讲了一个故事：200年前，有一位名叫哥德巴赫的德国数学家提出了一个猜想：凡是大于2的偶数一定可以表示为两个素数（素数指在大于1的自然数中，除了1和该整数本身外，不能被其他自然数整除的数。）之和。比如 4 = 1+3，6=3+3，8=3+5……哥氏本人虽然对许多偶数进行了验证，都说明这一猜想是确实的，但他本人却无法进行逻辑证明。他写信向著名的数学大师欧拉请教，欧拉花费了多年时间来苦心钻研，至死也没有证明出来。从此这道世界难题就吸引了成千上万的数学家来研究，但始终没有人能攻克下来，因此，它被称为"数学皇冠上的明珠"。

　　自从听了这个故事，哥德巴赫猜想就时常萦绕在陈景润的脑海中。他常想：那颗明珠究竟会落到什么人之手？中国人，还是欧洲人？应该是中国人拿下这道难题。他暗暗下了决心，从此更加发奋学习数学，有时简直到了痴迷的程度。

箴言

　　攀登科学高峰，就像登山运动员攀登珠穆朗玛峰一样，需要克服无数的艰难险阻，懦夫和懒汉是不可能享受到胜利的喜悦和幸福的。

　　陈景润（1933—1996），福建福州人。1953年毕业于厦门大学数学系，中国科学院数学研究所研究员，世界著名解析数论学家之一，又对筛法及其有关重要问题进行过广泛深入的研究。主要从事解析数论方面的研究，并在哥德巴赫猜想研究方面取得国际领先的成果。

正因为陈景润具有勇攀科学高峰的雄心壮志和刻苦钻研的精神，他少年时代的梦想终于变成了现实。他像一颗璀璨的明星，升上了"数学王国"的天空。

数学怪人

人们在谈论数学家陈景润时，常称他为"数学怪人"。因为陈景润把全部精力都放在"哥德巴赫猜想"上，和一般人比起来，他确实有点怪。

有一次，他在从办公室回宿舍的路上，边走边思考数学问题，突然感到有人撞了他一下，他顿时眼冒金星，一阵眩晕。他很生气地说道："前面有人就没看见吗？""来人"没有回答。陈景润定睛一看，原来自己正站在一棵大树前，四周连个人影都没有。他苦笑了一下，转身走了。也不知过了多长时间，陈景润抬头一看，又回到了办公室门前。于是他就自言自语道："那就继续干吧！"说着，又跨进了办公室的大门。

哥德巴赫的演算手稿，其复杂程度可见一斑

为国争荣誉

1966年，生活在6平方米小屋中的陈景润，借着一盏昏暗的煤油灯，伏在床板上，用一支笔，耗去了几麻袋的草稿纸，居然攻克了世界著名数学难题"哥德巴赫猜想"中的"1+2"，创造了距摘取这颗数学皇冠上的明珠"1+1"仅一步之遥的辉煌。

陈景润证明了"每个大偶数都是一个素数及一个不超过两个素数的乘积之和"，使他在哥德巴赫猜想的研究上居世界领先地位。这一成果在国际上被誉为"陈氏定理"，并受到广泛引用。这项工作还使他与王元、潘承洞在1978年共同获得中国自然科学奖一等奖。他研究哥德巴赫猜想和其他数论问题的成就，至今仍然在世界数学领域遥遥领先。世界级的数学大师、美国学者阿·威尔曾这样称赞他："陈景润的每一项工作，都好像是在喜马拉雅山山巅上行走。"

陈景润于1978年和1982年两次收到国际数学家大会请他作45分钟报告的邀请。这是中国人的自豪和骄傲。他所取得的成绩，他所赢得的殊荣，为千千万万的知识分子树起了一面不倒的旗帜，辉映三山五岳，召唤着亿万的青少年奋发向前。

王选——当代毕昇

■ "告别铅与火，迈入光与电"

王选院士是汉字激光照排系统的创始人和技术负责人。1958—1974 年，他主要从事计算机逻辑设计、体系结构和高级语言编译系统等方面的研究工作，与同事共同完成了 DJS21 机 ALGOL60 编译系统，并推广应用。

1975 年起王选主持照排系统的研制。针对精密汉字字形信息量大的问题，他发明了高分辨率字形的高倍率信息压缩和高速复原方法，使字形信息的总体压缩率高达 500∶1，并首次使用控制信息（或参数）来描述笔画的宽度、拐角形状等特征，以保证字形变化后的笔画匀称和宽度一致，这项技术获得了欧洲 EP0095536 专利。

1975—1991 年，他负责华光 Ⅰ、Ⅱ、Ⅲ、Ⅳ和方正 91 电子出版系统的核心硬件——栅格图像处理器的研制。他设计出专用超大规模集成电路实现复原算法，显著改善了系统的性能价格比。

王选所领导的科研集体研制出的汉字激光照排系统处于国内领先地位，获国内外十几项大奖，并取得了重大的经济和社会效益，为新闻、出版全过程的计算机化奠定了基础，被誉为"汉字印刷技术的第二次革命"，引发了我国报业和印刷出版业"告别铅与火，迈入光与电"的技术革命，彻底改造了我国沿用上百年的铅字印刷技术。

箴言

错误地把院士看成是当前学术领域的权威，我经常说时态搞错了，没分清楚过去时、现在时和将来时。

○ 王选（1937—2006），江苏无锡人，汉字激光照排系统的创始人和技术负责人。他所领导的科研集体研制出的汉字激光照排系统为新闻、出版全过程的计算机化奠定了基础，被誉为"汉字印刷术的第二次发明"，他也因此被人们称做是"当代毕昇"。

汉字激光照排系统的发明，彻底改变了报业和出版印刷业的传统方式

之后，他又相继提出并领导研制了大屏幕中文报纸编排系统、彩色中文激光照排系统、远程传版技术和新闻采编流程管理系统等，这些成果均达到国际先进水平。

王选院士是促进科学技术成果向生产力转化的先驱者。从 1981 年开始，他便致力于研究成果的商品化工作，使中文激光照排系统从 1985 年起成为商品，在市场上大力推广。

1988 年后，他作为北大方正集团的主要开创者和技术决策人，提出"顶天立地"的高新技术企业发展模式，积极倡导技术与市场相结合，闯出了一条"产学研一体化"的成功道路，使得汉字激光照排技术占领国内报业 99％ 的市场，以及 80％ 的海外华文报业市场。

■ 身体力行，提携后学

王选院士是新时期中国科技工作者群体中的杰出代表。他胸怀科技报国的雄才大略，忘我工作，无私奉献，倡导团队精神，并以提携后学为己任，培养和造就了一大批年轻的学术骨干。

王选曾反复告诫学生，也多次在演讲和文章中呼吁：高新技术和新产品是核心，评奖和奖金都是科研副产品，科研人员不能为得奖而工作，而要把为国民经济和科学事业做出实际贡献当做奋斗目标；有才华的青年科技工作者不要把做官当成一种奋斗目标，也不要把院士作为奋斗目标，如果老想着当院士就不可能全心全意做好事业。这些看法都深刻地体现了一位新时代科研人员和人民教师的价值观。他不愧是 21 世纪科教兴国的先锋人物，中国知识分子的优秀典范。